0歳でも、
1歳からでも
大丈夫！

赤ちゃんが夜早く、長く眠る

かんたん☆ねんね トレーニングBOOK

鍼灸師／こども専門鍼灸師
伊藤かよこ
マンガ：まやひろむ

日本実業出版社

プロローグ

「どうしてそんなに泣くの？　どうしてほしいの？　もう、どうしたらいいの？」


深夜というより、早朝に近い午前3時。

私は、1歳1カ月になる息子を抱っこであやしながら途方に暮れていました。

息子は生まれたときから眠りが浅く、連続して3時間眠ったことは数えるほどしかありませんでした。

抱っこやおっぱいで寝かしつけ、深く寝入ったことを確かめてから布団に下ろそうとするのですが、布団に背中がついたとたんに「ギャー」。いわゆる、背中スイッチというやつです。布団に下ろすのがうまくいっても、ほんのちょっとした音で「うえ～ん」。寝かしつけに1時間以上かかり、やっと寝てくれた、やれやれだと、ほっとするのもつかの間で、短いときには40分で泣き出すのです。

高齢出産だった私の体力は限界に近づき、寝不足のために心とからだがおかしくなっていきました。

それでも私は「こんなに寝ないのは0歳のうちだけ、1歳になったらもっと寝るはず、1歳になったら楽になる、1歳になったら……」と、1歳になることを心の支えにしていました。ところが1歳の誕生日を過ぎてしばらく経っても、事態は何も変わりません。私は「この生活は、いったいいつまで続くの？もう限界」と感じていました。

その日も、9時に寝かしつけたあと、何回目の夜泣きだったでしょうか。泣き疲れてやっと眠った息子を左手で抱きながら、私はパソコンの前に座り、右手だけで文字を打ち込みました。

「1歳　寝ない　限界　助けて」と。誰か助けてよ、お願いだから助けて。あのときの苦しい気持ちは、いまでも胸の奥にかすかに残っています。

そして、私はそのときに「ねんねトレーニング」に出会うことができました。

◆

私は2000年にはり・きゅう師の国家資格を取得し、神奈川県で鍼灸院を営んでいました。出産と同時に、夫が転勤することになったので鍼灸院は閉院し、しばらくは子育てに専念していました。

鍼灸の中には小児はりといって、子どもの夜泣きやかんしゃくに対応する術があるのですが、出産前の私はその分野に興味や関心がなく、自分の子どもの夜泣きに対して、鍼灸師として何ひとつできませんでした。

そのことへの後悔もあって、息子が幼稚園に入園してから小児はりや子どもの睡眠について学びはじめたのです。

そして、自分と同じように夜泣きや寝かしつけで苦しむママのちからになりたいと、こども専門鍼灸師として、「夜泣き」「かんしゃく」に悩む多くのママのお話をうかがい、施術やアドバイスを行なってきました。

夜泣きや寝かしつけの悩みで私の治療室に来られた方の多くは、1歳近くかそれ以上の年齢の赤ちゃんのママでした。

それはつまり過去の私と同じで、1歳になればもう少し寝てくれるはずだと信じ、それまでは我慢をしているママが多いということでしょう。そして、どうやらこのままではいけないと、夜泣きについての情報を探し、小児はりにたどり着くのが1歳近くなってからなのです。

たくさんのママやパパのお話をうかがってわかったことは、一言で「夜泣きや寝かしつけ」の悩みといっても、その内容は千差万別だということです。

ねんねトレーニング（ねんトレ）についてはじめて知った方、すでに試してみた方や、ねんトレには成功したものの、それでも夜泣きが続いているお子さんもいらっしゃいました。

みなさんのお話をうかがっているうちに、夜泣きや寝かしつけの悩みを解決するには、これまでにどのような寝かしつけをやってきたのか、断乳やねんトレについての考え方、育児の方針、赤ちゃんの体質、ママやパパの性格、家族構成、生活習慣、住環境などを総合した、各家庭に合った対応が必要だということが私の中で明確になっていきました。

そこで本書では、寝かしつけテクニックに加え、心理学や東洋医学の知識も取り入れ、どのタイプのお悩みにも幅広く対応できるように心がけました。

次ページからのフローチャートで確認して、自分に必要だと思う項目からお読みください。

この本が、ひとりでも多くの「夜泣きや寝かしつけ」に悩むママやパパのお役に立てますように、と願っています。

本書の読み方チャート

YES →

ねんねトレーニング
をやってみたい

YES ↓

さあ、ねんねトレーニングをやってみよう！

第2章へ

わからない ↓

ねんねトレーニングについて、知りましょう

第1章へ

赤ちゃんがかわいそう ↓

考え方を変えて気持ちを楽にしよう

第3章へ

START

赤ちゃんがなかなか
寝なくて困っている

↓ YES

かんたん寝かしつけ

第4章

赤ちゃんが何度も
起きて困っている

↓ YES

抱っこやおっぱいで
寝かしつけている？

↓ NO

その夜泣き、
「かんのむし」かも？

第5章へ

生活リズムを整えよう！

本書は、

１歳に近いか１歳以上のお子さんを持つ、
夜泣きや寝かしつけに困っているママに向けた
赤ちゃんの睡眠の本です。

お子さんの夜泣きや寝かしつけの相談を受けたときに、
私が最初にうかがうのは、次の３つです。

★毎日決まったリズムで生活をしているか？（起きる時間・寝る時間）
★お昼寝の時間は長すぎないか、遅すぎないか？（お昼寝の時間）
★日中は適度にからだを動かしているか？（日中の過ごし方）

起きる時間・寝る時間、お昼寝の時間が毎日違う方は、
まずは生活のリズムを整えてみてください。

次に、確認するのが寝かしつけ習慣です。いままでに、
★抱っこやおっぱい以外で寝かしつけたことがない
★抱っこやおっぱい以外で寝かしつけようと試したけれど、失敗した
そんな方は、ぜひ本書のねんねトレーニングを試してみてください。

※プレママや月齢の小さいお子さんのママは、本書を読むことで夜泣き予防になります。

本書の構成

第１章　赤ちゃんの眠りを知ろう

赤ちゃんの眠りを知って、なぜ夜泣きをするのか、どうしたらいいかを考えます

第２章　ゆるゆるねんトレとスピードねんトレ

ママの心の負担が少ないゆるゆるねんトレ
最短２日のスピードねんトレ
２つのねんねトレーニングを紹介します

第３章　かわいそうと向きあう

認知行動療法を用いて、「赤ちゃんがかわいそう」という気持ちを楽にします

第４章　寝かしつけのコツがわかります

赤ちゃんが早く眠りに入るためには、ママも眠くなることが大切。ママと赤ちゃんがリラックスする心やからだの整え方がわかります

第５章　東洋医学を使った夜泣き対策

夜泣きにも寝かしつけにも有効な、東洋医学の小児はりをベースにしたツボ健康法スキンタッチを紹介します

0歳でも、1歳からでも大丈夫！
赤ちゃんが夜早く、長く眠る　かんたん　ねんねトレーニングBOOK

もくじ

プロローグ　3

本書の読み方チャート　8
生活リズムを整えよう！　10
本書の構成　11

第1章
なぜ赤ちゃんは「夜泣き」するのか？
赤ちゃんの眠りのひみつ

赤ちゃんの眠りは浅くて短い？……20
赤ちゃんの睡眠周期／体内時計と生活リズムを整える

「抱っこ」や「おっぱい」で寝かせると……？……25
寝入るときと夜起きたときの状況は同じがいい
抱っこやおっぱいなしで眠りにつくことが大事

第2章

「うちの子、何度も起きるんです」を解決！
さぁ、ねんねトレーニングをやってみよう

赤ちゃんとママの気持ちに合わせたふたつのねんねトレーニング……36

なるべく泣かせない！
時間をかけてゆっくり進める「ゆるゆるねんトレ」……37

1．泣いてもすぐに抱っこしません／2．特に夜中は見守ります
3．寝入るその瞬間が重要です／4．赤ちゃんに説明し、協力をお願いしましょう
5．ゆるゆるねんトレのメリットとデメリット

Column 実録 私のねんトレ体験記 45

パパと力を合わせよう 最短2日の「スピードねんトレ」……51

1．パパと話しあう／2．パパと赤ちゃん、2人きりの時間を増やす
3．赤ちゃんにも説明し、協力をお願いする／4．ねんトレ初日
5．ママの心得／6．パパの心得／7．翌朝は、ありがとうから始めよう。
8．2日目の進め方／9．スピードねんトレのメリットとデメリット

Column ワンオペ育児にはしないコツ 65

「ゆるゆるねんトレ」と「スピードねんトレ」をアレンジする……70

第3章

「赤ちゃんがかわいそう」は、本当？

「考え方」を変えるとママの気持ちがラクになる！

それ、本当に「かわいそうなこと」ですか？……76

赤ちゃんだって困っているかも……／心だけではなく心とからだの両面を考える
「赤ちゃんにとって」と「家族にとって」／大切なレッスンというプレゼント
サイレントベビー、愛着障害、アタッチメント不足になる……？
赤ちゃんとのつながりは量より質です！／ねんトレはメリット＞＞デメリット

work
「認知行動療法」をつかって「考え方」を見直そう……83

1．「考え」が変わると「行動」が変わる／2．「事実」と「考え」を分ける
3．それは本当？　思考のかたよりを確認する
4．リフレーミング　思考の枠組みを変える

Column　ママだって泣いていいんです　92

第4章

赤ちゃんの寝つきがどんどんよくなる！

すぐできる！ かんたん！「寝かしつけ」のコツ

かんたん、シンプル「寝かしつけ」のコツ……98

どんなときに眠くなる？／寝室は暗くして、電子機器から離れます

体調はどう？ 見てさわって観察しましょう／とにかく夜は「ほっと」してください

work 1 眠りを誘う４つのワーク……105

さわる ふれる なでさする

Column 育児のご褒美を味わおう 109

work 2 トントントン リズムをつかう……112

work 3 ふくらはぎをあたためる……114

work 4 言葉や動作をつかう……115

1．ゆっくりしたテンポで話す／2．あくびをしましょう

3．眠くなる言葉を使いましょう

work 5 ママの好きを伝えよう……118

work 6 赤ちゃんと呼吸を合わせよう……119

第5章

もしかして、その夜泣きは「かんのむし」？

おうちで生かせる東洋医学

「ねんトレ」は成功。長く眠れるようになった。でも……？ ……124

「かんのむし」という言葉を聞いたことがありますか？
夜泣きによく効く　東洋医学の知恵／夜泣きやかんしゃくに効果的な小児はり
小児はりをアレンジしたスキンタッチを試してみよう
スプーンをつかったスキンタッチ／歯ブラシをつかったスキンタッチ
ドライヤーをつかったスキンタッチ／スキンタッチ全体の時間について

Special Message　ママと赤ちゃんをねぎらおう ……139

Suggest　アドラー心理学で考える家族の幸せ　139

work　自分のことをねぎらおう！ ……145

1．赤ちゃんが生まれた日の気持ちを思い出す
2．「乗り越えてきたことグラフ」を書いてみよう／3．ハッピー&ニュー
4．当たり前のうまくいっていることに注目しよう
5．イライラしたら自分を抱きしめよう／6．「ねぎらいの言葉」をかけてみよう

エピローグ　157

参考文献　161

装丁／白畠かおり
マンガ／まやひろむ（フリーハンド）
本文ＤＴＰ／一企画

第1章

なぜ赤ちゃんは「夜泣き」するのか？

赤ちゃんの眠りのひみつ

こんなことで困っていませんか？

ケース1　寝かしつけからもう1時間。なかなか寝ない

ケース2　これが背中スイッチか。布団におろすと泣くんです

ケース3　やっと寝たと思ったら、たったの40分で起きた

ケース4　ねんトレをやってみたけど、ぎゃん泣きで挫折

➡ 赤ちゃんが眠れない理由を知りましょう

赤ちゃんの眠りは浅くて短い？

赤ちゃんの睡眠周期

そもそも、なぜ多くの赤ちゃんは「夜何度も起きる」のでしょうか？　赤ちゃんの眠りにはふたつの特徴があります。

ひとつは睡眠周期です。私たちは睡眠中、**レム睡眠**（浅い眠り）と**ノンレム睡眠**（深い眠り）という、ふたつの眠りを周期的に繰り返しています。

大人の場合、レム睡眠の割合は全体の20％ほどですが、生後1歳半くらいまでの赤ちゃんはレム睡眠が全体の半分以上を占めるともいわれています。

また、大人の場合、ノンレム睡眠からレム睡眠へとつながる睡眠サイクルは

睡眠サイクルのイメージ図

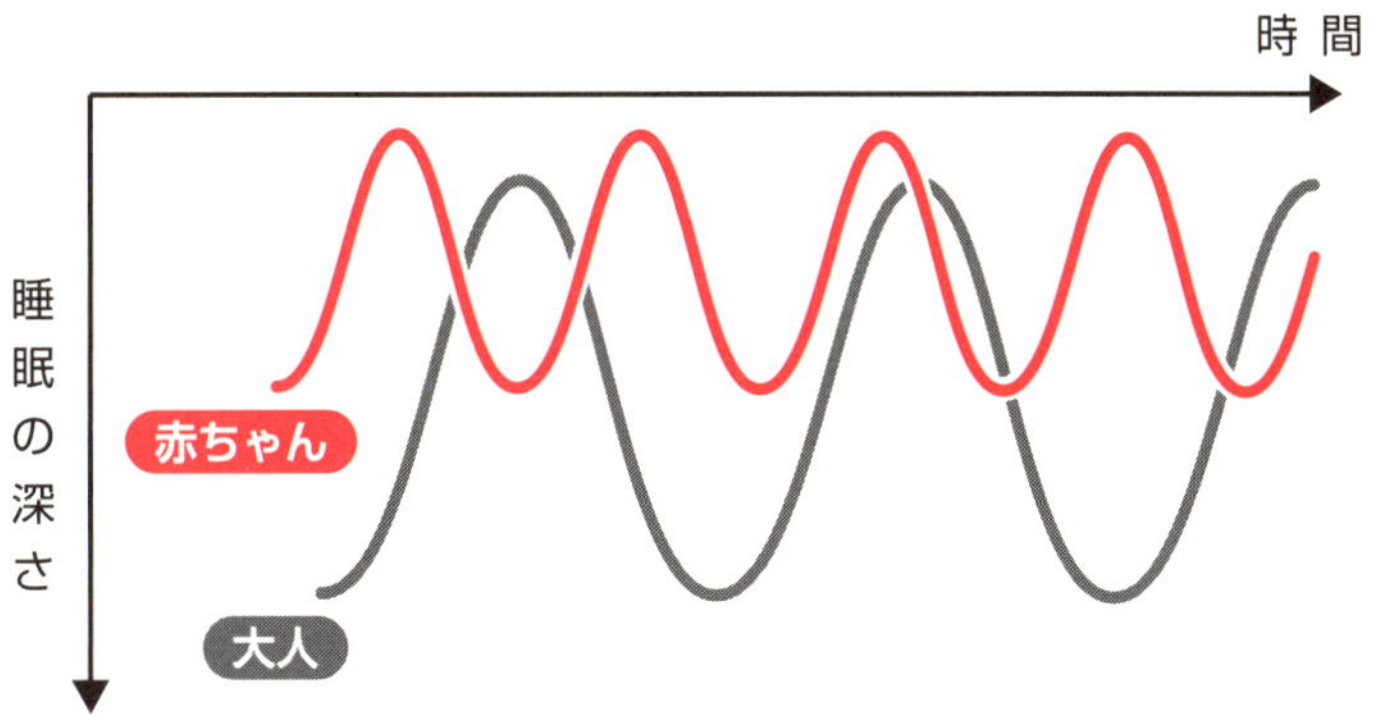

『眠りのバイオロジー——われわれはなぜ眠るか』
（メディカル・サイエンス・インターナショナル）1998

赤ちゃんは大人にくらべて
眠りが浅く、サイクルが短い。
もしくは未完成。

90～120分周期ですが、2歳まではこの周期が短いのです。このため、浅い眠りであるレム睡眠が何度も来て目を覚ましやすくなります。

体内時計と生活リズムを整える

もうひとつ、赤ちゃんの睡眠を考える上で大切なのが**体内時計**です。

人間には1日のリズムを刻む体内時計が備わっていて、朝になれば目を覚まし、夜になれば眠くなります。

生後すぐの赤ちゃんは、昼夜に関係なく寝たり起きたりを繰り返していますが、朝昼は明るく、夜は暗く、という生活をしているうちに体内時計が育っていきます。

ところが、現代は電気があるために夜も暗くなりません。このため体内時計がうまく働かず、夜中に起きてしまうことが、夜泣きのひとつの原因ではないかといわれています。

もし、寝る時間や起きる時間が毎日違うようであれば、まずは**生活のリズム**

赤ちゃんが必要とする１日の睡眠時間のめやす

月　齢	１日の睡眠時間
０〜１カ月	16〜18時間
１〜３カ月	14〜15時間
３〜６カ月	13〜14時間
６〜12カ月	11〜13時間
１〜３歳	11〜12時間

赤ちゃんの睡眠は個人差が大きいです。あくまで平均的なめやすとして参考にしてください。

を整えましょう。一般的なねんねトレーニングで重要とされる分単位、時間単位などでの厳密なスケジュール管理までは必要ありませんが、**決まった時間に部屋を明るくして、決まった時間に暗くしてください**。

そして、生活リズムが整っているにもかかわらず夜泣きが続く場合には、**寝かしつけ習慣の見直しが必要**です。なぜなら、抱っこやおっぱいで寝かしつけてからそっとお布団におろすことが、夜泣きの原因のひとつにもなっているからです。

そこで必要となるのが、**抱っこやおっぱいなしで、お布団の上で眠りに入る練習**なのです。

「抱っこ」や「おっぱい」で寝かせると……？

寝入るときと夜起きたときの状況は同じがいい

赤ちゃんだけではなく、私たち大人も夜中に何度かごく軽く目を覚ましているのですが、すぐに次の睡眠サイクルに入れるので、気がつきません。

大人と同じように、夜泣きをしないで朝まで眠れる赤ちゃんもいます。なぜ夜泣きをしないかというと、目を覚ましても自分の力で次の睡眠サイクルに入れるからです。一方で、抱っこやおっぱいでしか寝入ったことのない赤ちゃんは、夜中に目を覚ましたときにも、次の睡眠サイクルに入るために抱っこやおっぱいが必要になります。

それだけではありません。ここでちょっと想像してみてください。

もしもみなさんが寝ている間に、違うお部屋の違う布団にうつされていたとしたら？

ごく軽く目を覚ましたときに、あなたは気がつきます。

「布団が違う！　なんで？　どうして？　何があったの？」

慌てて飛び起きることでしょう。心臓もばくばく。不安や警戒心で一気に目が覚めます。泣きわめくことはないでしょうが、軽いパニックを起こすでしょう。

実は、赤ちゃんにも同じことが起こっています。

大好きな抱っこやおっぱいで寝ていたはずなのに、いつの間にか布団の上に1人で寝ていることに驚いてしまうのです。

一度でもそんなことがあったら、赤ちゃんは心配でよく眠れません。私たちだってそうでしょう。警戒心から眠りが浅くなるのではないでしょうか？

いつもの部屋に
いつもの布団で
就寝
おやすみ！
寝ている間に
移動させられたら…
うーーん
ん？
浅い睡眠時に
気配を察知
ここはどこ!?
私は
誰!?

ママの抱っこやおっぱいで
安眠
zzz
浅い睡眠時に気配を察知
……?
ぎゃん泣き……
「おっぱい」がないよ～
「抱っこ」がないよぉぉ～

抱っこやおっぱいなしで眠りにつくことが大事

ここまでわかれば、**夜泣きの解決**は簡単です。**眠りに入る瞬間と軽く目が覚めたときの状況を同じ**にすればいいのです。つまり、眠りに入る瞬間は、布団またはベッドの上、口にはおっぱいやおしゃぶりなど何もない状態にすることです。

いままで抱っこやおっぱいで眠りに入っていた赤ちゃんは、**抱っこやおっぱいなしで、１人で眠りに入る練習が必要**です。本書では、これを**ねんねトレーニング（ねんトレ）**と呼びます。

また、夜のおっぱいだけをやめる方法を**夜間断乳**といいます。夜間断乳とねんねトレーニングは、正確にいえば違いますが、本書ではほぼ同じ意味だと考えてください。夜のおっぱいをやめるだけでも、夜泣きは大幅に減るからです。

「なるほど、**眠りに入る瞬間と軽く目が覚めたときの状態が違うと、夜泣きをするの**か。ということは、私が添い乳で、おっぱいを口に入れた状態で寝かしつけていたことが、夜泣きの原因だったのか」

それがわかったとき、とてもすっきりしました。なぜなら原因さえわかれば解決は簡単だと思ったからです。

ところが、実際にはそう簡単ではないのです。

赤ちゃんにとって、抱っこやおっぱいというのは生存にかかわるもっとも大事なものです。いままでは、「ほしいよ〜」と泣けば、ほしいだけ抱っこやおっぱいを与えられていた赤ちゃん。

急に夜の抱っこやおっぱいはなしよ、といわれて、ハイそうですか、とはいきません。

当然泣きます。泣くなんてかわいいものではありません。泣き叫びます。

みなさんだって、人生でいちばん大切なものを奪われそうになったら、全力で抵抗するでしょう。何時間も声がかれるまで泣き続けたり、泣きすぎて吐いたりすることもあるでしょう。

それを見たママやパパは、自分が残酷なことをしていると感じます。

こんなかわいそうなことをしてまで、ねんトレをする必要があるのかと疑問をもちます。

そして、やっぱりやめようと、「ごめんね」と抱きしめ、おっぱいをあげるのです。もう二度とこんなことはしないと強く決心し、その後も夜泣きに苦しみ続ける――ことにもなりかねません。

ねんトレをすれば夜寝てくれるようになる。でも、赤ちゃんにとっては悲しいことでもある。

このように、ねんトレには、メリットとデメリットがあり、一概に「やったほうがいい」とも「やらないほうがいい」ともいえません。

ねんトレするかどうかを迷ったら、まず考えていただきたいのは、**「どのくらい困っているか？」**ということです。

中には「夜中に何度も起こされるけれど、添い乳ですぐに寝てくれるから別に苦ではない」と感じるママもいます。

このように、何度起こされてもママがあまり困っていないのなら、無理にねんトレをする必要はありません。

うまくいっていることは、変えずにそのまま続けよう。
うまくいっていないなら、いままでとは違うことをしよう。

これは、**解決志向ブリーフセラピー**という心理療法の中心的な考え方です。

多くのママは「これくらいは平気」だと、自分の気持ちをごまかしてがまんしがち。つらいならつらい、しんどいならしんどいと認めたほうが、次の行動につながります。いい機会ですから、自分の正直な気持ちに向きあってみてください。

第2章

「うちの子、何度も起きるんです」を解決！

さぁ、ねんねトレーニングをやってみよう

いつかはきっと……

①寝つきが悪く
片づけ
朝早い
近所メイワク
うるさい
②すぐ目を覚まし
ああっ
あ
BED ROOM
わぁぁあーーん
ガッチャン
③夜泣きする
コレって個性？

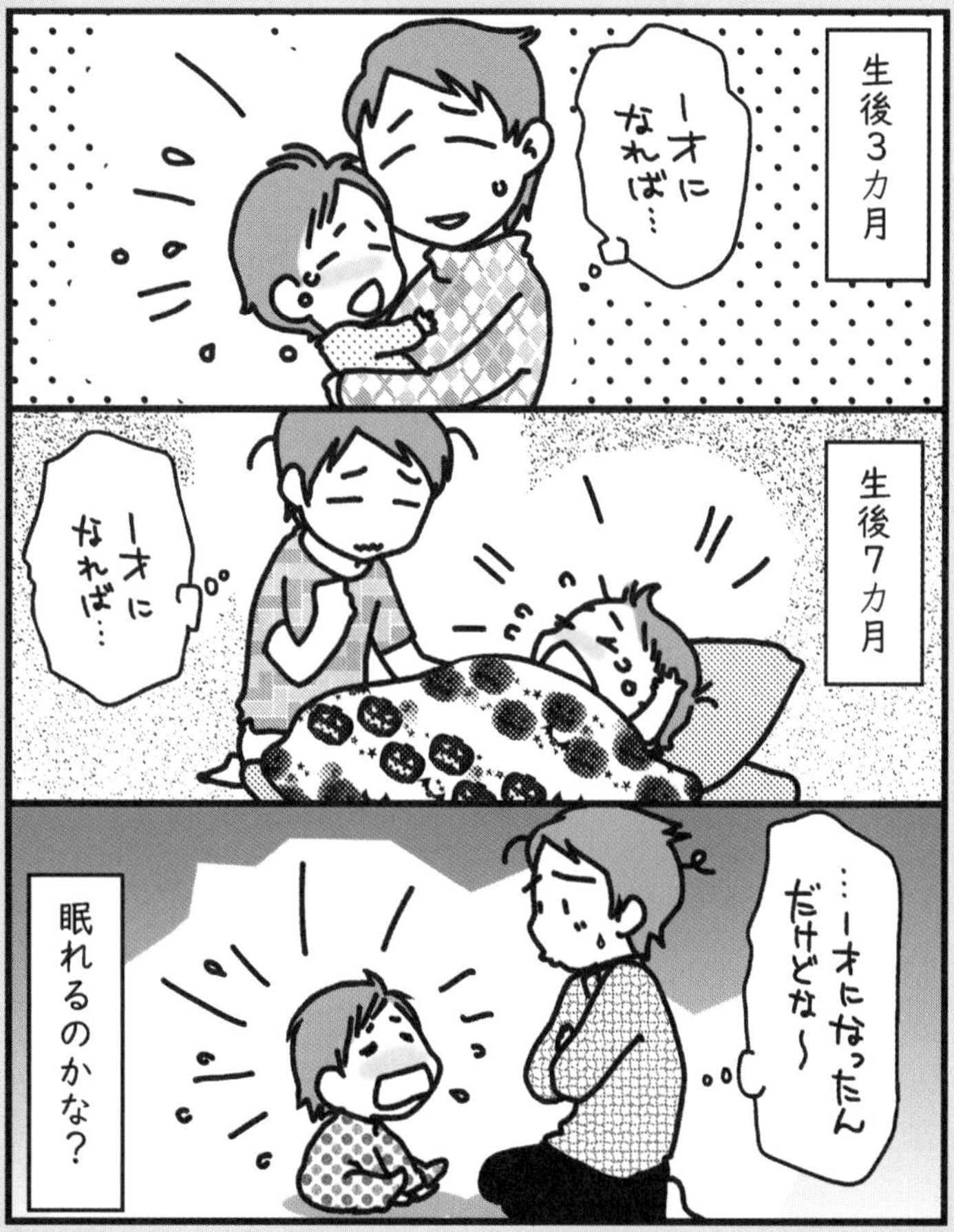

その悩み、ねんトレで解決できます

赤ちゃんとママの気持ちに合わせたふたつのねんねトレーニング

さて、この章では赤ちゃんが1人で眠れるようになる「ねんねトレーニング」の具体的なやり方を紹介します。

ねんトレと一言でいっても、「赤ちゃんを1人でベッドに置き、ママは部屋を出る」というスパルタなものから、時間をかけてゆっくり進めるやさしいものまで、いろいろなやり方があります。

本書では、なるべく赤ちゃんを泣かせない**ゆるゆるねんトレ**と、最短2日でママができるだけ苦しい思いをしない**スピードねんトレ**をご紹介します。

なるべく泣かせない！時間をかけてゆっくり進める「ゆるゆるねんトレ」

赤ちゃんを何時間も泣かせるなんてとてもできない、というママは、時間をかけてゆっくり進める**ゆるゆるねんトレ**からはじめましょう。

1. 泣いてもすぐに抱っこしません

赤ちゃんがごきげんのときには家事をするチャンス！　泣いたときにはあわてて抱っこ。みなさんはこんなふうに赤ちゃんとかかわっていませんか？

さて、ママが赤ちゃんにこのようにかかわると、赤ちゃんは何を学ぶでしょうか？

「抱っこしてもらうためには泣く必要がある」

「機嫌よくするとほっておかれる」「たくさん泣かなきゃ」

そうです！　よく泣く赤ちゃんになってしまいます！

私は息子のことを「よく泣く子だなぁ」と思っていましたが、知らず知らずのうちに、私がそうなるように育てていたようです。

赤ちゃんはいつでも好きなだけ抱っこしてください。できるだけたくさん抱っこをしてほしいのです。ただし、「泣いたときだけ抱っこ」するのはやめてくださいね。

じゃあ、赤ちゃんが泣いたときはどうすればいいのでしょうか？　泣くことは赤ちゃんからの呼びかけです。無視はしないでください。赤ちゃんが泣いたらそばに行って、「なあに？」「どうしたの？」と声をかけます。そして、よく観察してください。ケガや具合の悪いところはないか、おむつは濡れていないか、暑かったり寒かったりしないかなど、いつもと違うところはないか確めましょう。抱っこをするのはそれからです。

抱っこは機嫌のいいときに。そして、**泣いたときは、まずは観察、すぐに抱っこしない**ところからスタートです。

「泣いたら 駆けつける」は やめましょう

2. 特に夜中は見守ります

私の治療室に来られたママたちによくおすすめしていたのが、清水悦子さんの『赤ちゃんにもママにも優しい安眠ガイド』(かんき出版)。

この本の中にある**寝言泣き**という言葉には深くうなずきました。

私たちが寝言を言うように、赤ちゃんも寝言をいいます。そして**言葉の話せない赤ちゃんの寝言は泣き声**なのです。

私は息子が寝言をいうたびに、おむつをチェックしたり、抱っこしたり、おっぱいを口に入れたりしていました。でもそれは、赤ちゃんからすると安眠妨害されているようなもの。知らなかったとはいえ、申し訳ないことをしていたなあと思います。

赤ちゃんの泣き声が大きくなる前に泣きやませたいというママの気持ちはよくわかるのですが、そこはぐっとがまん。夜中に赤ちゃんが泣き出しても、まずは**しばらく待ちましょう。**待っても泣きやまないときは静かに**背中をトント**

ン、それでもダメなら**「ねんねだよ」「大丈夫よ」と声をかけながらトントン**、泣き声がどんどん大きくなるようなら抱っこ、それでも泣きやまないならおっぱいと、赤ちゃんの眠りのリズムを乱さないようにできるだけ時間をかけてゆっくり進めます。

もちろん、泣き方が激しすぎる、顔色が悪い、どこかを押さえて泣くなど、いつもと様子が違う、何かおかしいと感じたときは、すぐに対応してください。それはママならわかるはずです。大丈夫、自分の感覚を信じてください。

3. 寝入るその瞬間が重要です

ゆるゆるねんトレでは、抱っこやおっぱいは、いままでどおりで大丈夫。ただし、寝ながらのおっぱい（添い乳）だけはやめましょう。

では、どうすればいいかというと、抱っこやおっぱいで赤ちゃんがウトウトしたら、まだ**寝入っていないうちに、布団またはベッドに下ろす**のです。背中スイッチが作動して泣き出す――かもしれませんね。でも、泣き出したとして

ゆるゆるねんトレ
すぐ抱っこ
泣いたら
しばらく様子見
①「泣いたら抱っこ」をやめる
②寝る寸前にベッドへおろす
じー
うと
うと
抱っこで寝入らせないように…
ベッドにおろして泣いたらしばらく待ってもう一度…
あ…
!

もすぐには抱きあげず、布団またはベッドに寝かせたまま、**両手でぎゅっと抱きしめるか、そのままトントン**してください。しばらく様子を見て、泣き声が激しくなるようなら抱きあげます。また、ウトウトしたらおろします。何度も繰り返すと何度目かで、布団やベッドにおろしても泣かずに眠りにつくはずです。

「それは大変！」

そうなんです。ゆるゆるねんトレは、赤ちゃんの負担が少ない分、親は少し大変です。

4. 赤ちゃんに説明し、協力をお願いしましょう

赤ちゃんはまだ言葉は話せませんが、なんとなくママやパパのいっていることを理解しています。

「ねんねはお布団の上だよ」「今日のおっぱいは、おしまいよ」

おっぱいをあげたあとも「はい、おしまい」と声をかけ、**おっぱいと眠りは切り離します**。

5. ゆるゆるねんトレのメリットとデメリット

メリットは、生後すぐにでもはじめられること。できるだけ早いうちから「泣いてもすぐに抱きあげず、まずは様子を見る」「眠りに入る瞬間は、布団の上で」という習慣をつければ、6カ月ごろには朝まで続けて眠れるようになるでしょう。

デメリットは、親の負担が大きいということです。

月齢や年齢が上がるほど、抱っこやおっぱいでの寝かしつけに慣れているため、布団の上で眠りに入ることを学ぶには時間がかかるかもしれませんね。

でも大丈夫、赤ちゃんの学習能力を信じましょう。かならず1人で眠りに入るコツをつかんでくれますよ。その日を楽しみにしてゆったりと構えましょう。

Column

実録　私のねんトレ体験記

睡眠不足は脳を破壊する――それはどうやら本当のようです。

最初におかしいと感じたのは、理由のない焦燥感でした。なんの予定もないのに、何かに追われているように気持ちが焦り、ソワソワして、落ち着かないのです。時には発作的な強い不安に襲われました。そして、夫に対して怒りを爆発させることもありました。

2時間、時には40分しか連続して寝ない息子につきあって、私はフラフラでした。せめて息子が眠っているときに一緒に眠れればよかったのですが、「いまのうちに寝なければ」「早く、いまのうちに」と焦ってしまい、ますます眠れなくなっていました。

いま思えば、私は頑張りすぎていました。

息子がよく眠るように、日中は疲れさせなければと、毎日せっせと外遊びに出かけました。お砂場着を着せて公園で砂遊びをしました。児童館の育児サークルにも入りました。たくさん外に出て、たくさんからだを動かしたのです。

でも、息子は寝ません。そして私は、疲弊するばかりです。

「1歳　寝ない　限界　助けて」

プロローグに書いたとおり、ある日の深夜、私は助けを求め、パソコンに文字を打ち込みました。

そして、そのときにはじめて、世の中に**ねんねトレーニング**というものがあることを知ったのです。

最初に購入した本は、『赤ちゃんがすやすやネンネする魔法の習慣』（A・カスト・ツァーン、H・モルゲンロート著・PHP研究所）。この本には、「赤ちゃんを1人でベッドに置き、親は部屋を出る」と書いてありました。

――びっくりしました。そんなことはとてもできないし、したくもありません。

ただ、この本のおかげで息子の夜泣きの原因は、どうやら添い乳にあるのだと理解できたのです。

そこで、私はねんトレを決意し、夫に協力を求めました。


ねんトレ初日。

息子を夫に託し、私は睡眠薬を服用し、耳栓をして、別の部屋で眠りました。どれだけ息子が泣いたとしても、絶対におっぱいはあげないぞ、という強い決意のためです。

そして、私はこの夜、１年以上ぶりに数時間のまとまった睡眠をとることができたのです。


さて、肝心の息子はどうだったのでしょう？

どのくらい泣いたのでしょう？

実はよくわかりません。

私の夫は、横で息子がどれだけ泣いていようが、気にせず眠れる人だからです。

翌朝、目を覚ました私は、まっさきに耳をすませました。息子の泣き声は聞こえません。夫と息子が寝ている部屋のふすまをそろりと開けてのぞき込むと、2人ともぐっすりと眠っていました。

ほっとしました。ああ、よかったと思いました。

それと同時に、「なあんだ、私がいなくても眠れるんだ」と一気に肩の力が抜けました。

「おっぱいがないと眠れない」「私じゃないとダメ」「一晩中泣くかも」「私がいなければ朝まで何時間でも泣き続けるはず」

それはただの思い込みだったのです。

その日の昼間、特に息子が不機嫌だったということもありません。

そして、2日目の夜。

「おやすみ」といって息子を布団の上におろすと、息子は当然のように泣きはじめます。泣き声はどんどん大きくなり、ギャン泣きに発展。私は横にいて「ここにいるよ」「泣いていいよ」と声をかけていました。

10分くらい経ったでしょうか？　ギャン泣きをしていた息子が突然大きく息を吸い込み、フーと息を吐いたかと思うと、そのままストンと眠りにおちたのです。あまりに突然のことで、何が起きたかわからず、もしや意識でも失ったのかと心配にもなりました。

スヤスヤとおだやかに眠っていることを何度も確認し、やっと私は、息子がギャン泣きから一瞬で眠りに入ったのだと理解することができたのです。

それは、**息子が1人で眠ることをマスターした瞬間**でした。

息子はそのまま朝の4時まで6時間連続で眠りました。それまでは、2時間、時には40分で泣いていたことを思うと奇跡のようです。

3日目からは、布団の上におろした状態で、トントンして「おやすみなさい」。少し泣く日もありましたが、抱きあげず、トントンしていれば眠るようになりました。続けて眠る時間も徐々に長くなり、7時間、8時間と眠れるようになりました。

こうして、我が家のねんトレは大成功。実質は1日で完了したようなものです。

けれど、やはり息子には、かわいそうなことをしてしまったと思います。それまでは、泣いて要求すれば、ほしいだけ抱っこやおっぱいが与えられたのです。ある日突然、ママも抱っこやおっぱいもなくなるなんて、とても不安だったのではないでしょうか？

私の経験からお伝えしたいことはふたつです。

「いつかはかならず朝まで寝るようになるはず」と私のようにがまんをしないで、いまできることからはじめてください。この本に書いてあることを参考にして、何かひとつでも行動を変えてください。

同時に、睡眠不足で「もう限界」と感じているママは、次に紹介する**スピードねんトレ**をやってみましょう。きっとうまくいきます。ママも赤ちゃんもぐっすり眠れるようになりますよ。

パパと力を合わせよう 最短２日の「スピードねんトレ」

さて、次は「もう限界、いますぐ眠らせて！」という疲れ切ったママにおすすめの、最短２日の**スピードねんトレ**を紹介します。

1. パパと話しあう

赤ちゃんの「夜泣きと寝かしつけ」は、ママ１人の困りごとではなく家族みんなにかかわる大事な課題です。まずはパパに本書を読んでもらうなどをして、赤ちゃんの睡眠と寝かしつけ習慣との関係を知ってもらいましょう。

赤ちゃんの泣き声は、ママにとっては放っておけない最優先事項なので、長い時間泣かせておくことに、多くのママは耐えられません。しばらく頑張ってみたものの、途中で抱っこをしておっぱいをあげてしまうことも少なくありません。

そうなると、ゆるゆるねんトレでも説明したように（37〜39ページ）赤ちゃんは、**「たくさん泣けばおっぱいをもらえる。もっとたくさん泣かなくちゃ」**と学習し、ママはママで、挫折したことに落ち込んで、もう二度と「ねんトレ」はしたくないと思います。こうなると、赤ちゃんにもママにも余計なストレスがかかっただけではなく、事態は余計に悪化してしまいます。

ママがいちばん安心して赤ちゃんをまかせられるのは誰でしょう？　多くの場合はパパだと思います。そこでねんトレの初日はパパに赤ちゃんを寝かしつけてもらいましょう。

その日は**ママにはお出かけすることをおすすめ**します。

ママは別の部屋にいてもいいのですが、赤ちゃんの泣き声が聞こえると、心配になってパパから赤ちゃんを取りあげてしまうこともありますし、パパがママに助けを求めることもあるからです。

ねんトレについて、パパに説明することでママの覚悟も決まるでしょうし、力を合わせてこの困難を克服しようと、パパとのきずなも深まるでしょう。

2. パパと赤ちゃん、２人きりの時間を増やす

「ねんトレ」の決行を決めたら、**パパと赤ちゃんが２人きりになる時間を増やしましょう**。ママがいない状態に慣れてほしいのです。

そして、ママがお出かけするときには、玄関先で
「いってきます」

「バイバイ」というあいさつをし、パパと赤ちゃんでお見送りをしましょう。

赤ちゃんは多くの場合で泣きますが、**ママがいなくてもパパがいれば安心**なのだということを学んでもらいたいのです。

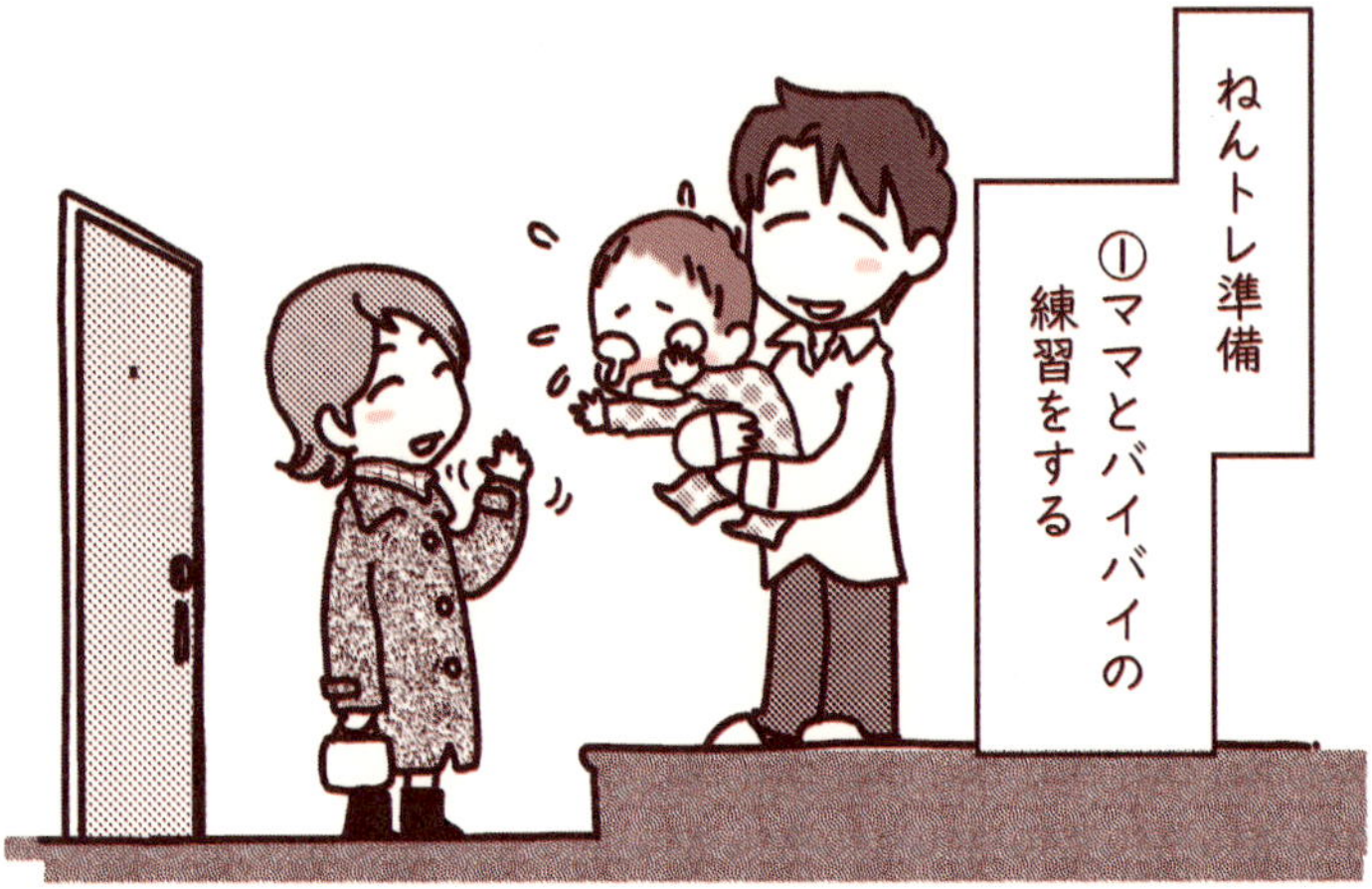
ねんトレ準備
①ママとバイバイの
練習をする

Point まずは赤ちゃんとママが離れる練習をします

3. 赤ちゃんにも説明し、協力をお願いする

ゆるゆるねんトレ同様、スピードねんトレの場合も赤ちゃんにも言葉で説明し、協力をお願いしましょう。

★ママから赤ちゃんへ（例）

- 今日ママは、夜お出かけするの。
- パパと2人でねんねしてね。
- ママは、明日の朝に帰ってくるから大丈夫よ。
- 朝になったらたくさん抱っこしようね。

★パパから赤ちゃんへ（例）

- ママはいないけど、パパがいるから大丈夫だよ。
- 今日は一緒に寝ようね。

Point 赤ちゃんの目を見てしっかりお願いします

4. ねんトレ初日

いつからねんトレをはじめるかは事前に決めておきましょう。連休など、**ママとパパの時間と気持ちの余裕があるときにはじめる**ことをおすすめします。

もっとも優先するのは赤ちゃんの体調です。赤ちゃんの様子（体温、きげんはいいか、いつもと変わったところはないかなど）をよく観察してくださいね。

時間を調整できるのなら、当日のお昼寝はいつもより早めの時間に短めに済ませます。

そして、ママはお出かけしましょう。赤ちゃんに「いってきます」のあいさつを忘れずに。

5. ママの心得

さあ、ママはいままでできなかった好きなことをしましょう。友達とご飯を食べたり、おしゃれなカフェに行ったり、映画のレイトショーなどもいいですね。なんていうと、「パパと赤ちゃんが心配でそんな気分になれません」と言われますが、**心配だからこそ楽しいことをする**のです。

ここはパパを全面的に信頼しましょう。「パパに悪い」と感じるかもしれませんが、ママは出産から休みなく頑張り続けてきたのです。自分へのご褒美だと思って堂々と休んでください。そして、心の中で「パパ、頑張れ」「赤ちゃん、頑張れ」と応援しましょう。

帰宅後もできれば、パパと赤ちゃんの寝ているお部屋ではなく、別の部屋で寝るようにしましょう。赤ちゃんの泣き声、パパの困っている様子が聞こえたとしても、のぞきに行かないことをおすすめします。ママは赤ちゃんの泣き顔を見るとどうしても抱っこしたくなりますから、

6. パパの心得

赤ちゃんを不安にしない、そしてパパが不安にならないこと、これだけです。

「今日はママがお出かけだから一緒に寝ようなー」

「大丈夫だぞ。パパがいるぞ」

「安心していいよ、パパが一緒だからな」と声をかけます。

赤ちゃんは「ママ、ママ」とママを呼び続けて、せつなくなるかもしれません。でもそこで**パパが動揺しないこと**です。

パパの抱っこは、おっぱいにつながらないので、抱っこはたくさんしてください。ただし、抱っこで寝かしつけ、そろりと布団におろそうとはしないでください。**寝つく瞬間は１人で**を守ります。

どのくらい泣くのかは赤ちゃんによって違いますが、一晩中泣き続ける赤ちゃんはいないですから、安心してくださいね。

Point　パパは、赤ちゃんが泣き続けても落ち着いて声をかけましょう

7. 翌朝は、ありがとうからはじめよう。

パパも赤ちゃんも、そしてママもおつかれさまでした。

ママは「私は何もやっていない」と思うかもしれませんが、きっと祈るような思いで応援し続けたことと思います。ママだって一緒に頑張ったのです。

まずママは、「おはよう、協力ありがとう」とパパと赤ちゃんに伝えましょう。

そしてカーテンを開け、「朝」になった、とはっきりと区切ってください。

授乳をする場合は、

「朝だね。いっぱいだっこしようね」

「朝になったからおっぱいよ」

と、**朝は抱っこやおっぱいあり、夜は抱っこやおっぱいなし**。と、はっきり区切ります。

これを機に、そのまま昼間も断乳をするかどうかは前もって決めておきましょう。私の場合は夜間断乳を選択し、朝や昼はおっぱいを続けていました。そして、自然に卒乳することができました。

そしてねんトレの翌日はいつも以上に、赤ちゃんとたくさんスキンシップをとりましょう。

お昼寝も抱っこやおっぱいでは寝かしつけないようにしましょう。

8. 2日目の進め方

さて、2日目の夜。ほとんどの場合、1日目より赤ちゃんが泣く時間は短くなります。

お布団の上でトントンしながら寝かしつけしてみてください。多くの赤ちゃんは泣くでしょう。もし、ママが泣き声に耐えられないようなら、2日目もパパにおまかせしましょう。

スピードねんトレは
①ママは赤ちゃんから離れる
②パパはうろたえない
大丈夫だよ～
翌朝は「ありがとう！」から
ありがとう♡

9. スピードねんトレのメリットとデメリット

メリットは、**最短2日で赤ちゃんの夜泣きがぐんと減る**こと。パパと力を合わせることで、夫婦のきずなが強まること。パパがママの大変さを理解することで今後の育児に対する姿勢が変わること。

デメリットは、ゆるゆるねんトレにくらべて心理的ストレスが大きいこと、ママのおっぱいトラブルです。

特に、完全母乳でおっぱいがたくさん出るママは、いきなり断乳するのではなく、少しずつおっぱいを減らすことをおすすめします。そして、おっぱいが痛くなる前に搾乳をするようにしてください。

Column

ワンオペ育児にはしないコツ

ママが育児のすべてを1人で担当する、通称ワンオペ（ワンオペレーション）育児。

私のまわりにも1人で頑張るママがたくさんいます。

「どうしてパパに手伝ってもらわないの？」と聞くと、「いやがるもん。イヤイヤ手伝われるくらいなら私がやったほうが早いし。だいたい役に立たないのよ」との答えがかえってきます。

あ〜、そう言いたくなるのもわかります。

どの赤ちゃんも、最初はパパよりママがいいのです。ついこの前まで赤ちゃんはママのお腹の中にいて、ママとは一体だったわけですし、なにより赤ちゃんのもっとも大事なおっぱいはママにしかないのですから。

パパが抱っこをすると泣くかもしれません。そして、ママが抱っこをすると泣きやむ。言葉を話せるようになると「ママがいい」「パパ、いや」などと言うこともあります。

こんなことが続くとパパだって多少はショックですし、泣かれるのはめんどうなので、「ほら、ママがいいんだって」と抱っこを避けるようになります。ママも内心、「私じゃなければだめなのね」とパパに勝った気がしてほんの少しですが快感なのです。そして、そのままの関係がそのあと何年も続いてしまいます。


子どもが生まれたからといって、すぐに「親らしく」なるわけではありません。**パパがパパになるためには、時間と経験が必要**なのです。

最初の頃は、パパだって張りきっています。

おむつ替えや寝かしつけ、いろいろと手伝おうとするのですが、ママのようにうまくはできないかもしれません。

ここで、多くのママはダメ出しをしてしまいます。

パパはママにごちゃごちゃ言われるとうんざりしてやる気をなくします。

もしかしたら、**パパのやる気をくじいているのはママ**なのかもしれませんよ。

そうはいっても、パパの至らなさが目に入ると口を出してしまうのもよくわかります。大切な赤ちゃんがパパの不注意でケガでもさせられたら大変だと思いますもんね。

だったらどうすればいいのかといえば……見なければいいのです。ママはできるだけ**「パパと赤ちゃん」２人きりにしましょう。**パパは、ママのいないところでは責任をもって赤ちゃんのお世話をしてくれるはず。

最初は30分から。パパの仕事がお休みの日は、できるだけパパにまかせてママは出かけましょう。

そして、帰ってきたら言葉と態度で感謝を伝えます。

「育児は夫婦の課題、手伝って当たり前でしょ？　手伝うという言葉すらおかしい、そもそも共同作業なのだから」という気持ちもわかりますが、ここは笑顔で**「ありがとう、おかげさまで助かった」**と言いましょう。

なるべく早くから、赤ちゃんをパパにまかせるとそれがパパの自信になります。子どもはパパが大好きになり、家族みんなが仲よくなります（そしてママは楽になるのです）。

我が家の場合、子どもが3歳になるまで私は子育てに専念していたにもかかわらず、土日の子育ては夫にまかせていました。おかげで私は、週末ごとに鍼灸や心理学の勉強に行き、よりスキルアップをして仕事に復帰することができました。

平日は私、休日は夫が子育てをすることで、自分の知らない子どもの一面を教えあうことができ、夫婦の会話が盛りあがりました。

息子は、私よりも夫のことが好きな子どもに育ちました。

夫と息子は長期の休みごとに男2人旅に出かけたり、息子が野球をはじめたときには2人で野球の練習をしたりと、とても仲のよい親子です。

これはチャンスなのです。

「パパにまかせてママは出かける」このねんトレは、今後の育児、親子関係、夫婦関係を左右するほどの大きな可能性を秘めています。「ママでないと」「私でないと」という思い込みから抜け出すためにも、ほんの少し勇気を出してみましょう。

それでも「いや〜、うちのパパにはまかせられない」というママへ。

ご心配はよくわかります。一般的に、パパはママほど注意深くないので、赤ちゃんをまかせることに不安を感じるかもしれませんね。それでも、ここはひとつパパを信頼してまかせてみませんか？

「頼むくらいなら自分でやったほうがいい」というママへ。

そのお気持ちもまたよくわかります。よくわかりますが、この先の家族の幸せのためにも、ここはパパにお願いしてみましょう。そんな気分にはなれないかもしれませんが、後ろからパパをそっと抱きしめて「お願い、パパの力が必要なの」と言ってみてはいかがですか？

多くのパパは、ママから甘えられ、頼られると、口では「しょうがねーな」と言いながら、内心はうれしいものなのです。うまく手のひらでころがす……おっと、これは失言でした。

「ゆるゆるねんトレ」と「スピードねんトレ」をアレンジする

さて、なるべく泣かせないゆるゆるねんトレと最短2日のスピードねんトレの2種類を紹介しました。このふたつを参考にして、各ご家庭でのねんトレの方針を決めてください。

内容は自由にアレンジしてかまいません。

たとえば、パパがゆるゆるねんトレをやってもいいですし、ママが1人でスピードねんトレをやってもいいわけです。また、いきなりねんトレをするのではなく、先に第4章や第5章の寝かしつけのコツから試してみるのもいいですよ。

赤ちゃんという人間を相手にするわけですから、計画通りにはいきません。一応の方針は決めておいて、あとは臨機応変に進めてくださいね。

ねんトレ方針の立て方

①赤ちゃんの睡眠やねんトレについて学ぶ

↓

②家族の事情を把握する

例）泣き声を放置できない
パパが耐えられない　……etc

③ねんトレは？

★ゆるゆるねんトレ
なるべく泣かせたくない
ゆっくり進めたいときに

★スピードねんトレ
泣くのは仕方ない
短期間で終わらせたいときに

＋

③組み合わせるものは？

第４章　ねかしつけのコツ

第５章　東洋医学を取り入れたリラックス法

↓

各家庭に合ったねんトレ完成

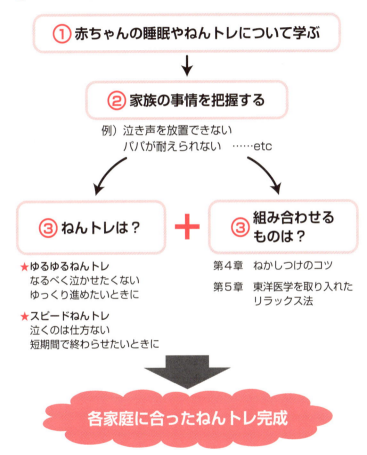

第3章

「赤ちゃんがかわいそう」は、本当？

「考え方」を変えるとママの気持ちがラクになる！

夜泣きは家族みんなの大問題

寝かしつけ開始！　ママもパパも頑張って！

起こさないよう一家でピリピリ

それなのに、今日も２時間で起きちゃった

泣きやまない…

➡赤ちゃんだって困っているのかも

それ、本当に「かわいそうなこと」ですか？

私が息子の夜泣きで苦しんだ12年前とは違い、いまは、本やインターネットなどでねんトレの情報がかんたんに手に入るようになりました。

でも、夜泣きに悩むママの「ねんトレのことは知っているけれど赤ちゃんがかわいそうで行動にうつせない」または「少しやってみたけれど、赤ちゃんがかわいそうで続けられなかった」という声も、たくさん聞いてきました。

そんなママたちのお話をうかがって、私は、ねんトレの具体的なやり方をお伝えすることに加えて、**ねんトレについての考え方を見直してもらうことも夜泣き改善には必要**だと感じるようになりました。

そこで第3章では、多くのママが感じている「赤ちゃんがかわいそう」についてじっくり考えてみたいと思います。

赤ちゃんだって困っているかも……

ママやパパが困っているように、**赤ちゃん自身も深く眠れなくて「困っている」のかも**しれません。

もしそうだとしたら、その困りごとが解決できるよう、お手伝いしようと思いませんか？　赤ちゃんに対して「かわいそうなことをしている」のではなく、赤ちゃんのお手伝いをしているのだと考えてみましょう。

心だけではなく心とからだの両面を考える

赤ちゃんの心を考えると、安心・安全の象徴である抱っこやおっぱいは赤ちゃんが十分に満足するまで与えたいところです。

でも、からだの発達から考えるとどうでしょう？　成長ホルモンをたくさん出すためにも深い睡眠が必要です。

心だけを見て「かわいそうだ」と思わず、心とからだの両面から、何がベターなのかを考えてみましょう。

「赤ちゃんにとって」と「家族にとって」

赤ちゃんはとても大事な存在ですが、ママだってパパだって同じく大事な存在です。

赤ちゃんのために誰かが犠牲になる必要はなく、家族みんなにとっていちばんいいのは何かを考えてください。

赤ちゃんを優先しすぎて、夫婦ゲンカが増えたり、ママがイライラしたり、ストレスで病気になったりしたら本末転倒です。

「赤ちゃんにとって」だけではなく**「みんなにとって」という視点**をもってください。

大切なレッスンというプレゼント

ねんトレがかわいそうだと感じるママにおすすめしたいのがこちらの本。『フランスの子どもは夜泣きをしない　パリ発「子育て」の秘密』（パメラ・ドラッカーマン著・集英社）です。

この本では、「上手な眠り方を赤ちゃんに優しく教えてあげるのは親の仕事」「それは大きくなって、手洗いや歯みがきを教えることと全く同じ」とし、上手な眠り方を教えるために、泣いてもすぐにあやさずしばらく待つことをすすめています。

しばらく待つ、というのは、決して放置ではありません。**赤ちゃんに意識を向けて注意深く観察する**のです。

ねんトレは、親の助けなしに１人で寝入るための、大切なレッスン。親から子どもへのプレゼントだと考えてみましょう。

サイレントベビー、愛着障害、アタッチメント不足になる……?

親から無視され続けると、赤ちゃんはコミュニケーションをとるのをあきらめ、泣かなかったり、笑わなかったりするようになります。そして、こういう表情が乏しく発語の少ない赤ちゃんをサイレントベビーと呼ぶことがあります。私が「泣いてもすぐに抱っこしない」と説明すると、「赤ちゃんを放っておいたら、サイレントベビーになるのでは」と心配するママも多いようです。

けれど、ここでいう無視とは「関心を向けない」ということです。「どうしたの」「ここにいるよ」と声をかけて、関心を向けて見守っていれば、夜の抱っこやおっぱいがなくてもサイレントベビーにはなりません。

ねんトレは、あくまで夜だけの話です。アタッチメント（愛情をもった接触行動などのこと）不足などの心配も当然ありません。

赤ちゃんとのつながりは量より質です！

働くママは、働いていないママに比べて「かかわり不足かも」という心配があり、その分、夜の抱っこやおっぱいをあげたい気持ちが強くなりますね。

でも、**大事なのは、量より質**です。たとえば、スマホを見ながら抱っこやおっぱいをあげているママがたくさんいます。

授乳中に、赤ちゃんの顔をよく見てください。

赤ちゃんはママの顔をじっと見ていますよ。そして、「ああ」とか「うう」とか、いろんなサインを送っています。

せっかくサインを送っているのに、ママがスマホに夢中だと、赤ちゃんはどう感じるでしょうか？　いっぱい抱っこをしても、たくさんおっぱいをあげても、赤ちゃんだって悲しいかもしれません。

赤ちゃんが「かわいそう」「心が傷つく」と心配する前に、**赤ちゃんの気持ちに寄り添っているかどうか、日々の生活をふりかえってみてください。**

ねんトレはメリット≫デメリット

さて、ここまでお話ししてきたことを踏まえて、もう一度考えてみましょう。

「ねんトレをすると、赤ちゃんがかわいそう？」

ねんトレをしたことによる赤ちゃんのいちばんの変化は、よく食べるようになることでしょう。よく食べ、よく動き、よく眠り、いままで以上に成長を感じられます。

ママの変化は、笑顔が増えること。ママの笑顔が増えると、家族全体の雰囲気もよくなります。

いままで私がねんトレをお伝えしてきた多くのママの声を総合すると、デメリットよりメリットが上回ると感じています。

Work

「認知行動療法」をつかって「考え方」を見直そう

さて、ここでひとつワークをやってみましょう。「認知行動療法」という心理療法の考え方に基づいて、「かわいそう」という「認知（考え）」を見直します。

方法は次の4ステップです。

1 「考え」が変わると「行動」が変わることを知る
2 「事実」と「考え」を分ける
3 かたよった「考え」であることに気がつく
4 その「考え」を別の「考え」に置き換える

1.「考え」が変わると「行動」が変わる

たとえば私は、息子のことを「この子はおっぱいがないと眠れない子」だと「考え」ていました。

考え⬇この子はおっぱいがないと眠れない。
だから毎晩おっぱいで寝かしつけるしかない。
それは大変だ。少しでも楽になるように添い乳で寝かせよう。

行動⬇添い乳で寝かしつける。

次にこんなことを考えました。

考え⬇いつか自然に眠れるようになるだろう。
抱っこやおっぱいを必要とするのは、人生のうちのほんの数年。
それまではいまのままでいい。

行動⬇抱っこやおっぱいで寝かしつける。

「考え」が変わると「行動」が変わる

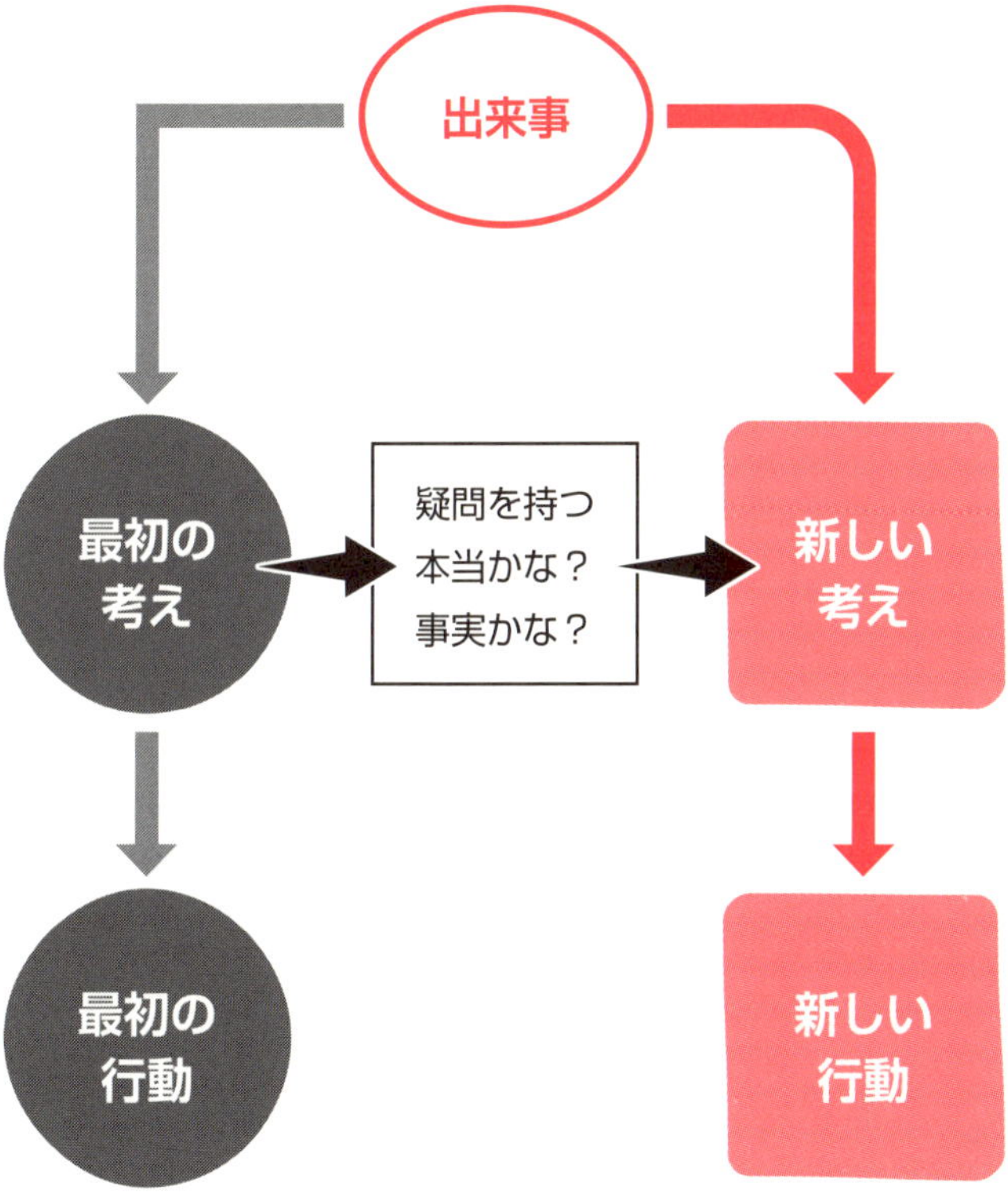

行動は考えから生じます。自分の「考え」に疑問を持ち、より適切な「新しい考え」に置き換えることで、より適切な「新しい行動」に変わります。

考えが変われば**行動**が変わります。

考え ⬇ この子は寝ない子ではなく、私がおっぱいで寝入る習慣をつけてしまったようだ。

いまからでもその習慣を変えよう。

行動 ⬇ ねんトレをやってみる。

考え ⬇ 自然に眠るようになるまで、3年か4年かかる場合もあるらしい。

それまでぐっすり眠れない日が続くのは、私にとっても、息子にとってもよくないだろう。

行動 ⬇ いますぐ、寝かしつけ習慣を変える。

このように「考え」が変わると「行動」が変わるのです。

「行動」を変えたければ、先に「考え」を変える必要があります。

2.「事実」と「考え」を分ける

ここではわかりやすいように、「事実」とは、**観察可能な出来事**だとしておきます。

私たちは、自分の「考え」にしか過ぎないものを「事実」のように錯覚しています。

たとえば、私は息子のことを、

「この子はおっぱいがないと眠れない子」だと思い、それは「事実」だと思っていました。

でも、実際にはどうだったでしょう？

――そう、おっぱいがなくても眠れました。

「事実」であれば受け入れるしかないのですが、それが**「考え」だとわかれば変えることができるのです。**

では、ここで自分の頭の中にあることを、「事実」なのか「考え」なのかを分けてみましょう。

赤ちゃんが泣いている ⬇「事実」
心が傷つく ⬇「考え」
かわいそう ⬇「考え」
昨夜は6回起きた ⬇「事実」
この子は寝るのは下手 ⬇「考え」
絶望したように泣いた ⬇「事実」と「考え」の混合

不必要な思い込みで自分をしばらないように**事実**と**考え**を分けることを習慣にしましょう。

3. それは本当？　思考のかたよりを確認する

「事実」と「考え」を分けられたら、次にその「考え」が適切かどうかを見分けます。

実は「考え」に正しい、間違いはありません。それなので、その「考え」が、**事実に近く、その場に当てはまっているかどうか、を判断の基準にする**のです。

その反対の、不適切でかたよった考え方のことを**認知のゆがみ**と呼びます。

「全か無、白か黒。0か100思考」「～すべき思考」「レッテルを貼るように決めつける」「マイナス思考」……、などなど。

自分の考えが「ゆがんでいる」「かたよっている」と気がつくためには、「それは本当かな？」と自分に問いかけてみることです。

「うちの子は絶対おっぱいじゃないと寝ない」

⬇ 本当かな？ やってみました？

「うちの子は寝ない子なの」

⬇ 本当かな？ 人類史上「寝ない子」はいませんよ。

「ねんトレをやってみたけど失敗した」

⬇本当かな？　失敗かどうかはしばらく続けてみないとわかりません。

「赤ちゃんは泣かせないようにすべき」

⬇本当かな？　泣くのは悪いことなの？

「べき」「絶対」「当然」「完全に」「ねばならない」「すべての」「つねに」……このような言葉がついている「考え」の多くは「自分を苦しめる不適切な考え」だと覚えておきましょう。

4. リフレーミング　思考の枠組みを変える

「考え」は自由に変えることができます。

「事実」だと思っていたことが、「事実」ではなく「考え」だった、とわかれば、その「考え」を自分が楽になるように変えてみましょう。

「ねんトレとは、赤ちゃんを泣かせっぱなしにするかわいそうなこと」
⬇「ねんトレは、赤ちゃんの心身と家族の幸せにとって、いまできる最善の選択枝」

「赤ちゃんがおっぱいを求めて悲しんでいる」
⬇「赤ちゃんが忍耐を学んでいる」

「ママが自分の睡眠のために赤ちゃんを犠牲にしている」
⬇「ママが、家族の幸せを考え新しい習慣にチャレンジしている」

何かがうまくいかないとき、「考え」を観察する ⬇「それは本当かな？」と自分に問いかける ⬇「考え」をほかの「考え」に置きかえる。

この一連の手順は、育児だけではなくあらゆる場面で使えます。

Column

ママだって泣いていいんです

「泣かずにおとなしくできておりこうさんね」「泣かないでえらいね」

街で赤ちゃんを抱っこしていると、こんなふうに声をかけられることがあります。

そんなとき、「泣かない子はえらい子」。そして、その反対に「泣く子はダメな子」だという共通認識があるのだなあと思います。

確かに、言葉を話せるようになれば、「泣くこと」ではなく「言葉をつかう」ことで人とコミュニケーションをとったほうがいいわけですから、ある程度の年齢になって「泣く」という方法をつかうのは、未成熟だともいえます。

だけど、赤ちゃんは別です。

まだ言葉を話せないのですから、「泣く」ことでしか意思を伝えられません。**たくさん泣く子は、たくさん意思を伝えたい子**、だといってもいいのです。

子ども時代に「泣いてはいけない」と育てられ「泣くこと」や「甘えること」をがまんしてきたママほど、自分の子どもが泣くことに耐えられないのかもしれないなあと思います。

「私はがまんしてきたのに、それなのに、なんでそんなに思いっきり泣くのよ」とママの中にいる小さな子どもが「ヤキモチ」をやくのかもしれません。

また、「泣かない子はいい子」ということは「泣かせないママはいいママ」で「泣かせるママはダメなママ」だという思い込みがあり、自分のことを責めてしまうのかもしれませんね。

そんなママに強くおすすめしたい言葉があります。

「泣いていいよ」です。

赤ちゃんが泣いたら、「泣いていいよ」「思いっきり泣いていいよ」「もっと大きな声で泣いていいんだよ」「どんどん泣いていいよ」と声をかけてください。

言葉にすることで、ママの気持ちがとても楽になります。赤ちゃんだって、泣くという行為を肯定されて安心します。

そして、その言葉はブーメランのように自分にかえってきます。ママだって、たまには、泣いたり、弱音をはいたりしてもいいんだと思えるようになりますよ。

私は、子どもの泣き声で頭がおかしくなりそうだったとき、一緒に声を出して泣いたことがあります。息子は一瞬、泣くのをやめて「どうしたの？」というように私の顔をじっと見て、それからまた泣き出しました。私の泣き声と息子の泣き声がひとつのハーモニーのようで、だんだんそれを楽しむ余裕さえ生まれてきました。いまではとても大切な思い出です。

ばかばかしいと思うかもしれませんが、一度やってみてください。どんな状況でも楽しむことはできるのです。そして、何よりもママがすっきりしますよ。

ママだってつらいときは泣いていいんです。

第4章

赤ちゃんの寝つきがどんどんよくなる！

すぐできる！ かんたん！「寝かしつけ」のコツ

1分でも1秒でも早く寝てほしいのに

➡いろいろやっても寝ない。そんなときは…？

かんたん、シンプル「寝かしつけ」のコツ

夜泣きの次に多い、赤ちゃんの眠りに関するお悩みは**寝かしつけに時間がかかる**というもの。なるべく赤ちゃんを早く寝かせて、ママは自分の時間をもちたいですよね。

そこで第4章では、赤ちゃんができるだけ短時間で眠りに入るためのかんたんなコツをお伝えします。

どんなときに眠くなる？

あくびがうつるという経験をしたことはありませんか？

イライラした人がそばにいるとイライラするし、焦っている人がそばにいれ

ば落ち着かない――私たちは、周りにいる人の影響をとても強く受けます。ましてやママと赤ちゃんは一心同体。だから、**赤ちゃんに早く眠ってほしければ、先にママ自身が眠くなればいい**のです。

そこでまずは、自分が眠くなるときはどんなときなのかを考えてみましょう。

（例）
１　環境　居心地がいい／静か／暗い
２　からだ　健康／リラックスしている
３　こころ　解放感（明日が休みなど）／おだやか／安心／安全

逆に寝つけなかったり、夜中に目が覚めてしまったりするのはどんなとき？

（例）
１　環境　暑すぎる／寒すぎる／騒がしい／明るすぎる
２　からだ　どこかが痛い／かゆい／緊張している
３　こころ　心配ごと／考えごと／イライラ／興奮

育児中に何かを迷ったときは、まずはシンプルに「自分だったらどうかな?」という視点で考えてみましょう。

寝室は暗くして、電子機器から離れます

昼は明るく、夜は暗く、メリハリをつけることが大事です。

お休み前の30分は、ママもテレビやスマホなどの電子機器から離れ、暗めのお部屋でのんびり過ごしてください。寝室はなるべく暗くしましょう。

静かにというのは、それぞれの住環境や家族構成もあるでしょうから、できる範囲でかまいません。あまり気にしないで大丈夫。

お部屋は**暑すぎず、寒すぎず適温**で。少しあたたかいほうがからだは緩み、眠くなります。

寝つきやすい環境をつくろう
徐々に暗く
あたたかいくらいの
室温
周りの部屋
の声
静かに

体調はどう？　見てさわって観察しましょう

からだのどこかが、痛かったり、かゆかったり、気持ち悪かったりするときには、私たち大人も寝つきが悪くなりますよね。

赤ちゃんがいつもよりグズるときは、体調をくずしはじめたサインかもしれません。普段からよく観察しているとそのサインをキャッチしやすくなります。

たとえば、鼻がつまっているときには、少しまくらを高くする、加湿する、蒸しタオルでかるくお鼻をあたためる、ペパーミントのアロマオイルをティッシュに1滴垂らしてそれを部屋のすみっこにおく、などできることをやってみましょう。

また、おなかが張っているときもよく眠れません。普段から、ウンチの量と回数は意識してください。お腹に手を当てて「の」の字を描くようになでるなど、マッサージをするとガスが出やすくなります。

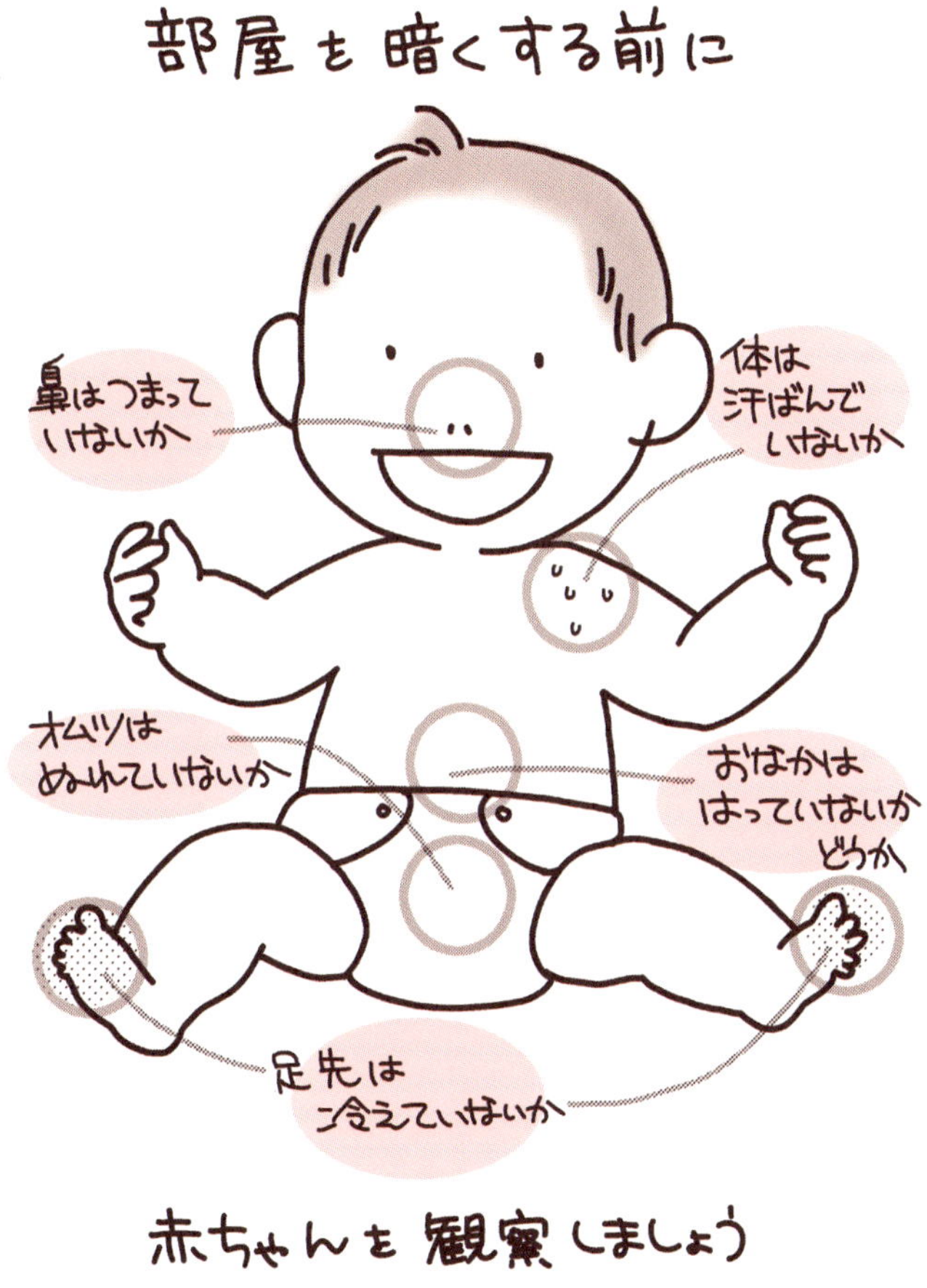
部屋を暗くする前に
鼻はつまっていないか
体は汗ばんでいないか
オムツはぬれていないか
おなかははっていないかどうか
足先は冷えていないか
赤ちゃんを観察しましょう

とにかく夜は「ほっと」してください

「早く寝てほしければ、早く寝かそうと思わないこと」

というと、みなさんはびっくりされるかもしれませんね。

でも、ちょっと想像してみてください。もしみなさんの枕もとで、ご主人が「早く寝ろ」「早く寝ろ」というプレッシャーをかけていたとしたら？

寝かしつけをしているときのママの頭の中は「しなければならないこと」でいっぱいです。「食器を洗わなきゃ」「明日の仕事の準備があるのに」「ＬＩＮＥの返信もしなくちゃ」……。

そして、１分１秒でも早く赤ちゃんに寝てもらって、そのあとに「ほっと」したいですよね。その気持ちはわかりますが、赤ちゃんが寝てから「ほっと」するのではなく、**赤ちゃんと一緒に「ほっと」しよう**と考え方を変えてください。一緒に寝落ちしてもいい、と開き直るくらいがいいのです。

Work 1

眠りを誘う４つのワーク

さて、「環境、からだ、こころ」を工夫しても、ママも赤ちゃんも全然眠くない、という日もありますよね。

寝る時間の直前にパパが帰ってきて興奮したり、気に入らないことがあってイライラしたり……。そんなときに、赤ちゃんとママの両方がリラックスできるちょっとしたコツをご紹介します。

さわる　ふれる　なでさする

自分の手のひらをそっと胸にあててみてください。

そしてしばらくそのままでいましょう。少し気分が落ち着きませんか？　人は**人にふれると落ち着くようにできている**のです。たとえ、それが自分自身であっても。

今度はゆっくりとなでてみましょう。

自分の両腕をクロスして、肩から腕へなでおろしてみてください。

どのくらいの速さで、どのくらいの強さが気持ちいいですか？

ある研究によると、**秒速5センチ**という速さでさわるのがもっとも気持ちがよく感じるそうです。


さて、赤ちゃんのどこをさわると赤ちゃんは眠くなるのでしょうか？

ここでの目的はまず**ママが眠くなること**でしたよね。だから、**ママがさわりたいと感じるところ**でいいのです。

ただし、赤ちゃんにも好みがありますから赤ちゃんをよく観察してください。

赤ちゃんが気持ちいいと感じているときは、ふっと力を抜きますし、嫌なら手で払いのけるようなしぐさをします。

たとえば、私の息子は頭をさわられるのが大好きでした。おでこや髪のはえぎわをさわさわとさわると、うっとりした様子で力が抜けていきました。

赤ちゃん に たくさん ふれよう

おでこや**耳のまわり**などの**髪のはえぎわ**をさわるのは特におすすめです。

美容院でシャンプーをしてもらうと眠くなることがありますよね。

第5章で東洋医学のお話をしますが、からだよりも頭をつかうことの多い私たちは、頭に気が集まりやすいのです。頭とそのまわりを適度にさわると気持ちがいいのは、「気の流れ」と関係があるのかもしれません。


ツボを刺激するという意味では、洋服の上からではなく、肌を直接さわることをおすすめします。肌をさわりやすいのは、頭と顔、首、ひじから手先にかけてでしょう。

ベビーマッサージを習ったことがある方は、マッサージの強さと時間に気をつけてください。刺激量が多すぎるとかえって興奮することがあります。

こんなふうに、赤ちゃんのからだのあちこちをさわっていれば、自分の赤ちゃんのからだのことがよくわかるようになります。どこをなでると赤ちゃんの力が抜けるのか。コツをつかむと寝かしつけの時間が短くなりますよ。

Column

育児のご褒美を味わおう

「なんの地獄かと思った」

育児番組に出演中のあるママの一言に、私は大きくうなずきました。育児って大変そう、とは思っていましたが、これほどまでに大変だとは、出産前には想像できませんでした。

そして、もうひとつ想像をはるかにこえていたのが、子どものかわいさです。私はもともと、そんなに子どもが好きではなかったのですが、わが子のかわいさは特別です。とろけるような愛しさを感じる瞬間が何度もありました。試練とご褒美は……セットなんですよね。

さて、みなさんが、赤ちゃんをかわいいなあと思うのはどんなときでしょうか？

寝顔を見ているとき？　おっぱいを必死に飲んでいる様子？

全身をゆだねて腕の中でぐっすりと眠っているとき?
いずれにしても「愛おしい」「かわいい」と感じるのは「考えているとき」ではなく「感じているとき」です。

私たちはいつも何かを考えていて、頭の中がとても忙しいのです。
だから、「考える」のをやめて、「感じる」時間をもつようにしてください。
見る、さわる、聞くなどの感覚をフルに使って、赤ちゃんを感じましょう。

赤ちゃんを抱っこしているときの赤ちゃんの重みを、鼓動を、呼吸をしっかりと感じて味わってみてください。何も考えず、頭をからっぽにして、ただただ、感じてみてください。

また一度、お風呂あがりなどに、ママと赤ちゃんの2人ともがはだかで抱きあってみることをおすすめします。肌と肌が直接ふれあって、溶けあうような深い一体感と安心を感じることができますよ。

さわりたいときにさわりたいだけ、いつでも自由に赤ちゃんにふれられるのは、ママとパパだけの特権です。

赤ちゃんをたくさんさわることは、ママと赤ちゃんの両方が幸せになるもっとも簡単な方法です。スキンシップによって結ばれたきずなは、その先の親子関係にもよい影響を与えます。

それだけではありません。たくさんスキンシップをうけて育った子どもは、その後の人生で他者と親密な関係を築きやすいともいわれています。

寝る前の数分間、何も考えずに、赤ちゃんをさわってみてください。気持ちいいなあと感じてみてください。
お互いがリラックスして、よく眠れるようになりますよ。

赤ちゃんのかわいさは、育児を頑張っているママやパパに対しての神様からのご褒美のようなもの。せっかく目の前にご褒美があるのですから、五感をフルにつかって十分に味わってくださいね。

Work 2

トントントン　リズムをつかう

みなさんは誰に教えられるまでもなく、赤ちゃんの背中をトントントンしていますよね。これを**タッピング**といいます。つまりタッピングとは、指や手のひらをつかって、からだを軽く叩くこと。

トントントン。一定のリズミカルな刺激は、私たちのこころを落ち着かせてくれます。

いろいろな心理療法でも使われていますが、むずかしい知識はいりません。

①てのひらを丸くしてお椀のような形にしてみましょう
②リズミカルに軽く叩きましょう
③背中をトントンする場合は、背骨をはさんで、左右交互にもやってみてください

指先で
リズミカルに
軽く叩く

背中をトントンする
場合は、背骨を
はさんで左右交互に

Point　大泉門（ひたいのまんなかを頭頂部に向かってなぞっていくと髪のはえぎわの少し上にある、やわらかい部分）は叩かない

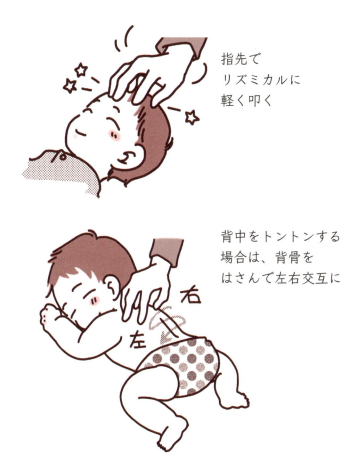

Work 3

ふくらはぎをあたためる

冬に暖房の効いた電車に乗って座席に座ると眠くなりませんか？　私たち人間は、足元をあたためると眠くなるようです。

同じように、寝る前に、赤ちゃんの足元やふくらはぎをあたためると寝つきがよくなります。といっても、もともと赤ちゃんの足は冷えているわけではありませんので、ママのあたたかい手でふくらはぎを包み込む程度で十分。もし、本当に冷えていると感じたときには、第5章で紹介する、ドライヤーをつかったスキンタッチを行なうのもいいでしょう。

ときどき「うちの子、手足が冷たいんです」とおっしゃるママがいますが、**それは、ママの手が冷たいかあたたかいかによっても変わる**主観的なものですからご心配なく。手足が冷たく感じても健康なら問題はありません。あたためたときに赤ちゃんが気持ちよさそうかどうかをよく見届けてください。

Work 4

言葉や動作をつかう

寝かしつけに困っているママなら、『おやすみ、ロジャー』（カール＝ヨハン・エリーン著・飛鳥新社）という絵本をご存知かもしれません。

『おやすみ、ロジャー』は、エリクソン催眠、自律訓練法、アファメーションなどの心理療法が物語の中にちりばめられたよくできた絵本です。

『おやすみ、ロジャー』を読み聞かせていると、読んでいるママやパパのほうが先に眠くなります。これが大事なところ。そうなのです。何度もいいますが、**ママが先に眠くなることが、寝かしつけのコツ**です。

でも、毎晩、『おやすみ、ロジャー』を読むのは飽きるし、しんどいわ、というママのために、この絵本のエッセンスを取り出して応用してみましょう。

1. ゆっくりしたテンポで話す

「○○ちゃ〜ん、きょうはね〜、と〜ても楽しかったね〜。ママとぐ〜すりおやすみしようね」

寝かしつけのときには、赤ちゃんがリラックスできるよう、なるべく**ゆ〜っくりしたテンポ**で話をしましょう。ゆっくり話すことで、考えるスピードも低下し、頭の中がしずまります。するとママの心が落ち着き、それが赤ちゃんにも伝わるのです。

2. あくびをしましょう

「あ〜あ」とあくびのマネをしてみましょう。

口を大きく開けて、たくさん息を吸って、「あ〜あ」と吐き出すのです。不思議なことに何度かやっていると、本当のあくびが出るようになりますよ。

そして、あくびはうつります。あくびをすると自然に深い呼吸になり、眠りに誘われます。

3. 眠くなる言葉を使いましょう

「あたたかいね」「ふわふわだね」「安心だよ」「ゆるゆるしよう」「力が抜けて」「ぐっすり」「楽に」「だらんと」……。

言葉を口にしたときや耳にしたとき、私たちの脳はその状態をイメージします。そして、そのイメージ通りにからだは反応するのです。

「言葉」のからだに対する影響は、あまり知られていませんがとても大きいのです。

「言葉」をうまくつかいましょう。

Work 5

ママの好きを伝えよう

赤ちゃんはママが大好きで、その大好きなママを通して、いろんなことを学んでいきます。だから「ママの好きなもの」は「自分の好きなもの」になることも多いです。

ところでみなさんは「眠る」ことが好きですか？　私は大好きです。

1日の終わりにお布団に入って横になると幸せだなあと感じます。

「ママ、寝るの、だ〜いすき」と言って、うれしそうに横になってみましょう。「おふとん、気持ちいい」「ごろんすると幸せ」「ああ、ほっとする」「○○ちゃんと一緒だと幸せ」「夜はゆっくり休めるね」

こうして**赤ちゃんはママから「眠ることは幸せなのだ」と学びます**。するともう少し大きくなってからも、「早く寝なさい」と言わなくてすみますよ。

Work 6

赤ちゃんと呼吸を合わせよう

赤ちゃんの呼吸を観察してみてください。

スーハー、スーハー、思ったより呼吸が速いんだなあと気がつくと思います。小さいからだで一生懸命呼吸をしていますよね。

ママも**赤ちゃんの呼吸の速さに合わせて、息を吸ったり吐いたり**してみてください。息を合わせると一体感が生まれるのです。

それからママは少しずつ、少しずつ**呼吸をゆっくりにしていきます**。赤ちゃんもそれにつられてほんの少し呼吸がゆっくりになります。こうして呼吸に意識を向けていると頭が休まり、いつの間にか眠くなりますよ。

以上、６つのワークをご紹介しました。試してみて、**ママがもっともリラックスして、ママも赤ちゃんも眠くなる方法**を見つけてくださいね。

第5章

もしかして、
その夜泣きは「かんのむし」？

おうちで生かせる東洋医学

ねんトレは成功したものの

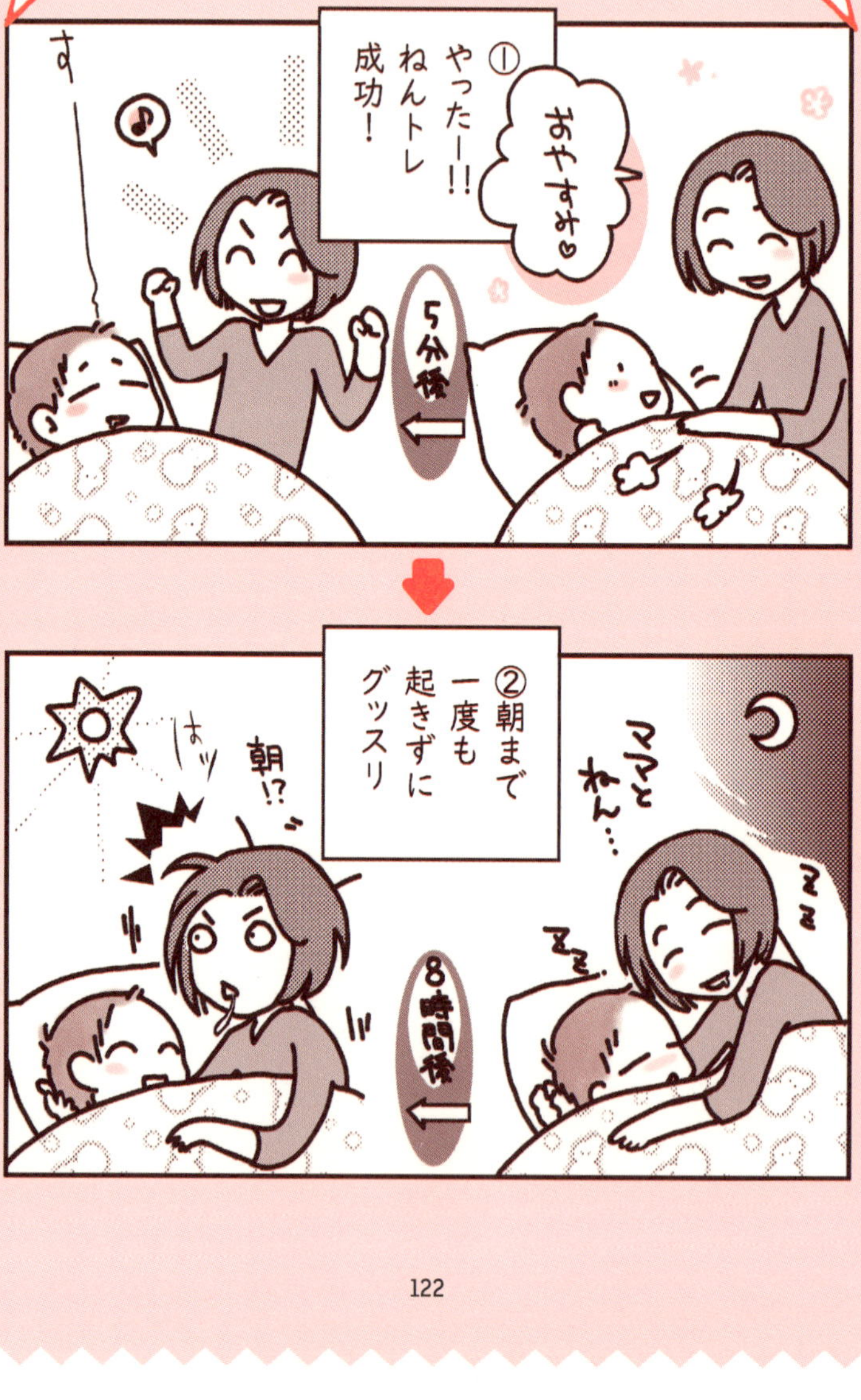

もう、どうしたらいいの？

その夜泣き、東洋医学が役に立つかも？

「ねんトレ」は成功。長く眠れるようになった。でも……？

ねんトレは無事に成功。抱っこやおっぱいなしに、お布団の上で眠れるようになった。それなのに**夜中に何度か起きる**場合。

または一度はおさまった**夜泣きが２歳前後で再発**した場合。

これらの夜泣きは、「寝かしつけ習慣」によるものではありません。まだ正確には解明されていませんが、おそらく**脳の過剰興奮**ではないか、と考えられています。

しかし、心配はいりません。日本にはこのタイプの夜泣きに対処できる技があります。それが**小児はり**です。

「かんのむし」という言葉を聞いたことがありますか？

私の息子の場合、ねんトレのおかげで朝まで眠るようになりましたが、2歳を過ぎてから夜泣きが復活しました。この夜泣きは、以前のように回数は多くないのですが、夜中に突然、何かにとりつかれたように泣き叫ぶのです。夜泣きというよりは夜驚症《やきょうしょう》に近いものだったと思います。こんな子どもの様子を見て、昔の人が**かんのむし**がとりついたと考えたのも納得です。

さて、「かんのむし」は病気ではありません。「かんのむし」という虫がいるわけでもありません。**子どもの神経が高ぶっていて、興奮しやすい状態**のことをいいます。

わたしたちも疲れているときには、いつもならスルーできることに引っかかったり、かみついたりしませんか？

そうやってイライラしているときには、眠れなかったり、眠りが浅くなったり、食欲がなかったり。逆に食べすぎたりすることもありますね。

成長にともない、赤ちゃんにはいろいろな意思が芽生えます。「やりたいこと」は増えるのですが、思うようにからだは動きませんし、それを言葉で伝えることもできません。だから思い通りにならずに、イライラすることが増えるのです。

みなさんがイライラしたときのことを思い出してください。頭に血がのぼり、髪の毛が逆立つような感覚があり、声が上ずってキーキーしませんか？

赤ちゃんも同じです。

髪の毛やからだの産毛が立ち上がり、泣き声のトーンが高くなります。

血管が浮き出るために、目と目の間の青筋がくっきりします。なお、青筋があるかないかは皮膚の薄さとも関係しますので、青筋があるからかんのむしというわけではありません。

かんのむしになりやすいかどうかは、赤ちゃんのもって生まれた体質に加え、生活習慣や環境が関係しているようです。

たとえばママが頑張り屋さんの場合。

「日中の活動量を増やしましょう」というアドバイスにしたがって、公園や児童センター、ベビースイミングやベビーヨガ、ベビーマッサージと毎日が大忙し。

ほかには、テレビやスマホなどの映像機器からの刺激が多すぎる場合。**多くの刺激を受けることで、赤ちゃんの神経が高ぶっている**のかもしれません。

からだがリラックスモードに変わる夕方以降はテレビをひかえるなど、心当たりがある方は、全体的な刺激量を減らしてみましょう。

ふたつ、考えられる原因をあげてみましたが、抱っこやおっぱいでは寝かせていないのに夜泣きをする場合、必要なのは、疲れさせることではなく**リラックス**です。

ママと赤ちゃんは一心同体、ママはまず自分がリラックスしているか、頑張りすぎていないかを確認してください。

夜泣きによく効く　東洋医学の知恵

ここで私の専門である東洋医学の話を少しします。

東洋医学とは、東洋起源の伝統医学のことです。東洋医学では、すべてのものは「気」と呼ばれる「生命エネルギー」のようなものでできていて、その気が過不足なくからだをめぐっている状態を健康と考えます。

東洋医学思想では、からだの部分ではなく全体をみます。

たとえば、お腹の調子が悪くて、腰が痛くて、湿疹ができた場合、西洋医学では、内科と整形外科と皮膚科に行かなくてはなりません。しかし、東洋医学の治療では、すべての症状に対し同時にアプローチすることができます。

なぜなら東洋医学の治療の目的は、症状を無くすことと同時に、からだ全体を整えることだから。「○○に効く」というよりは「全体的によくなる」のです。

西洋医学、東洋医学にはそれぞれ得意なことと不得意なことがあり、どちらかが優れていて、どちらかが劣っているわけではありません。

夜泣きやかんしゃくに効果的な小児はり

東洋医学をベースにした治療法は、漢方薬と鍼灸です。鍼灸とは、からだの表面にあるツボに、髪の毛ほどの細いハリを打ったり、お灸をしたりすることでからだの調子を整える治療法です。

0歳から10歳の子どもに施す**小児はり**は、ハリを打つわけではなく、小児はりとよばれる金属の道具でからだの表面をやさしくなでたり、さすったりします。

この小児はりは、東洋医学の考え方に基づいた治療法なので、からだ全体のバランスを整えることができ、その結果、いろいろな症状の改善が期待できます。中でも、得意とされているのが夜泣きとかんのむしの治療です。

ねんトレに成功し、抱っこやおっぱいで寝かしつけていないにもかかわらず夜泣きが続く場合には、小児はりを試してみることもひとつの選択肢です。

ただし、小児はりはとてもやさしい刺激なので、一度だけではなく何度か通

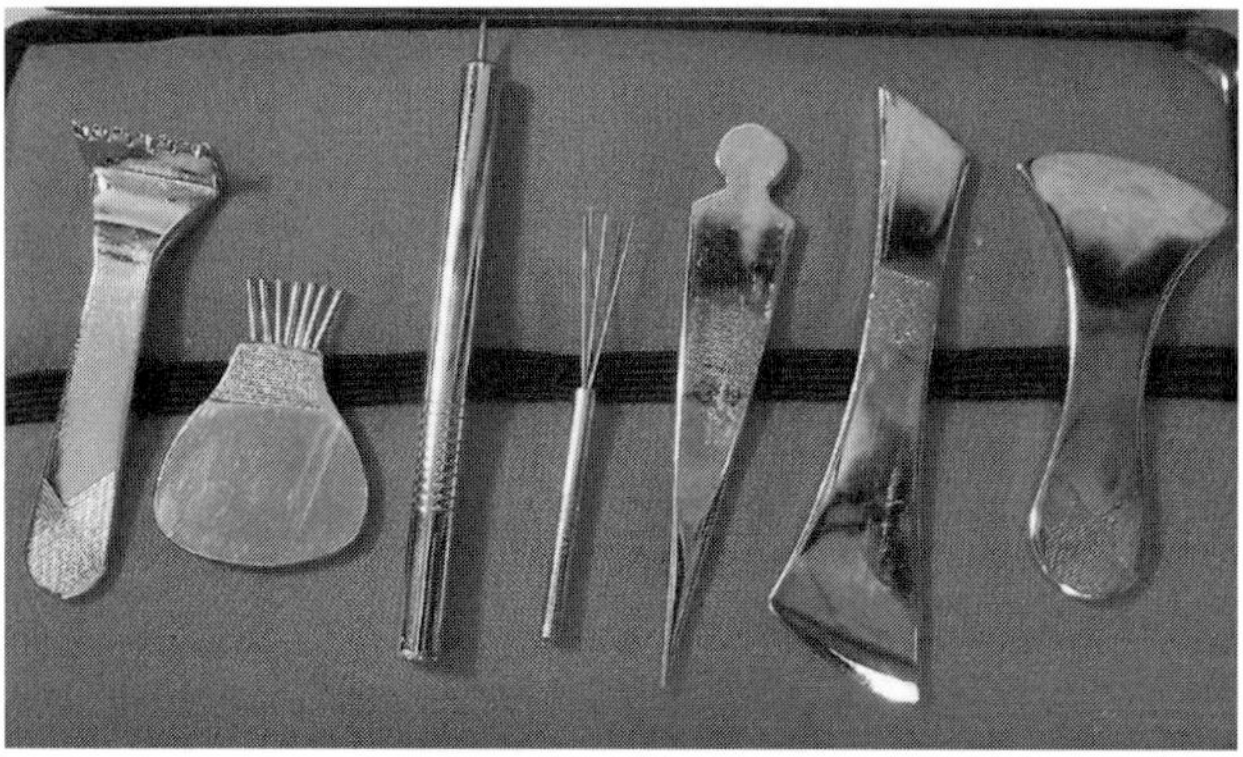

治療につかう小児はり

う必要があります。お近くに小児はりを行なう鍼灸院がない場合、毎日のように通うことはママの負担になりますね。

そこで、私がおすすめするのが**スキンタッチ**。ママやパパがスプーンや歯ブラシなどおうちにある道具を使ってできるツボ健康法です。

小児はりをアレンジしたスキンタッチを試してみよう

ではここで、スキンタッチの具体的なやり方をご紹介します。

鍼灸師が施す小児はりは治療ですが、おうちでママが行なうスキンタッチはあくまで健康法です。夜泣きを治すため、というよりは、赤ちゃんの心身の健康のために行なってください。また、スキンタッチにかぎらず、どんなにからだにいい健康法でもやりすぎるとかえってよくないことがあります。

とくにスキンタッチは、**より少なくより弱い刺激ほど効果が期待できる方法**です。刺激が多すぎないように、できれば一度、スキンタッチの教室に参加されるか、鍼灸師の指導を受けることをおすすめします。

スプーンをつかったスキンタッチ

★持ち方

スプーンの丸い部分に中指を置き、親指で軽く押さえます。

★動かし方

スプーンの腹の丸い部分で赤ちゃんの肌をやさしくなでさすります。
スプーンの重さだけが肌にあたるように、ママの力はできるだけ抜きます。

★場所・やり方

なでる場所は鎖骨の下、お腹、背中、肘から手首、膝から足首です。

気の流れを整えるためには、方向が重要です。上から下へ、真ん中から外へと覚えておいてください。手足の場合、なでるのは日焼けする外側だけで、日の当たらない内側の部分はさわらないでください。回数は1カ所2～3回です。

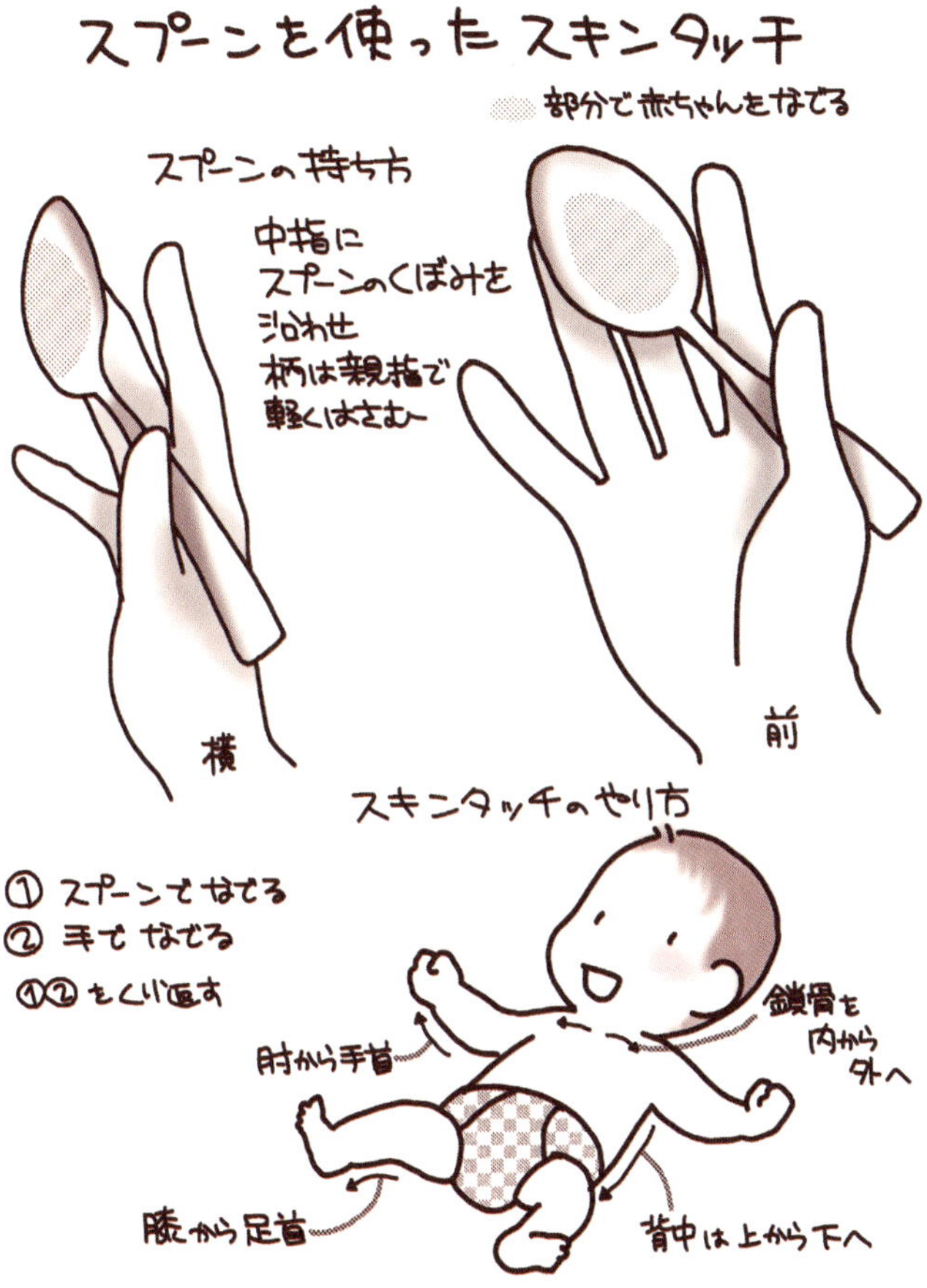
スプーンを使ったスキンタッチ
部分で赤ちゃんをなでる
スプーンの持ち方
中指に
スプーンのくぼみを
沿わせ
柄は親指で
軽くはさむ
横
前
スキンタッチのやり方
① スプーンでなでる
② 手でなでる
①②をくり返す
鎖骨を
内から
外へ
肘から手首
膝から足首
背中は上から下へ

歯ブラシをつかったスキンタッチ

★持ち方

歯ブラシの柄の部分を親指と人差し指でかるくつまみます。

★動かし方

ゆらゆらと力を入れずに上下に揺らします。強さを確認するために、まずはママが自分の頭を歯ブラシでトントンと叩いてみましょう。赤ちゃんには、自分が気持ちいいと感じる強さの半分以下で行なってください。

★場所

歯ブラシは頭にしか使いません。耳のまわりや髪のはえぎわなどをまんべんなくトントンしてください。大泉門（頭頂部にあるやわらかい部分）はさわらないようにしましょう。

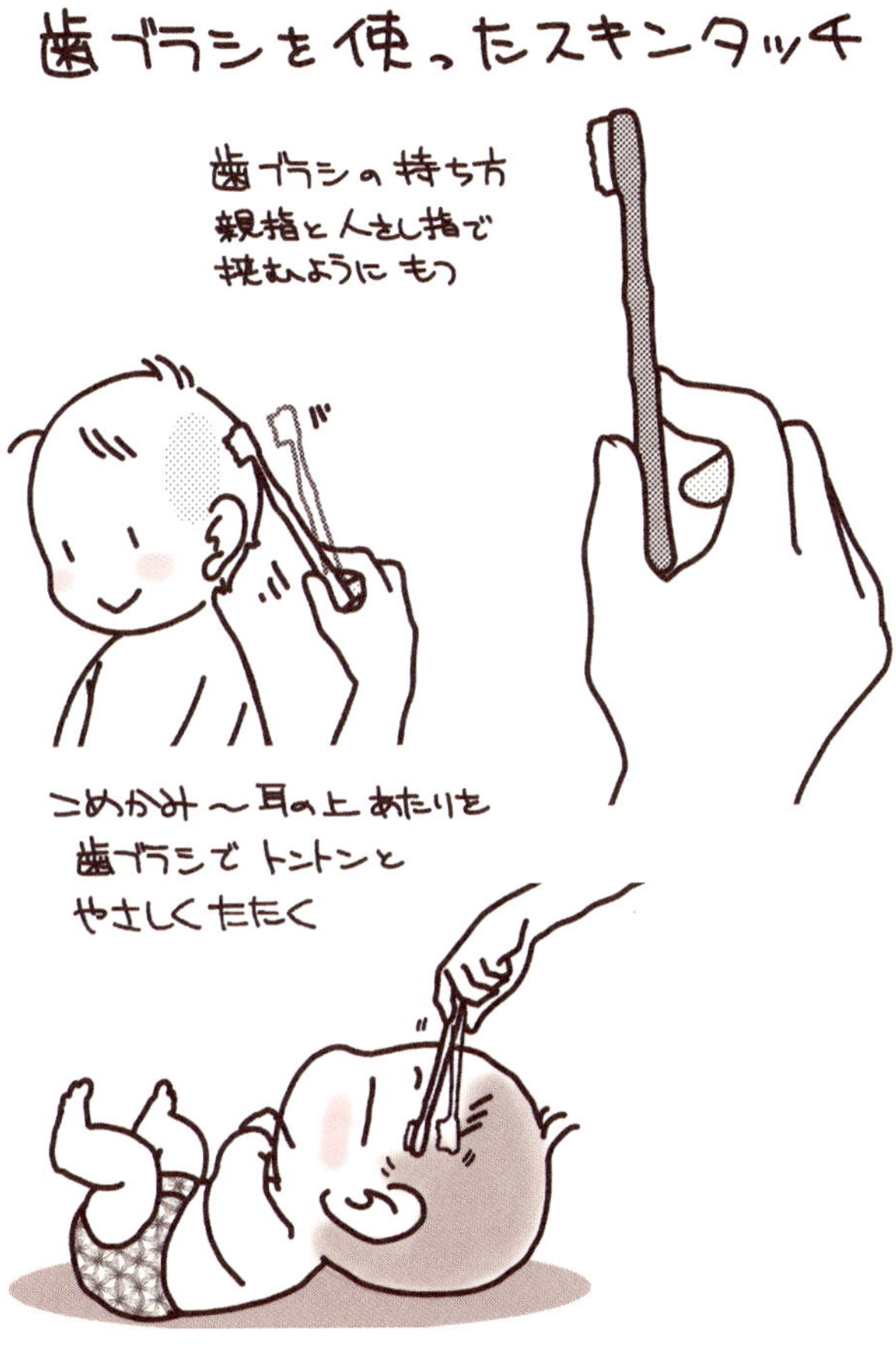
歯ブラシを使ったスキンタッチ
歯ブラシの持ち方
親指と人さし指で
挟むようにもつ
こめかみ〜耳の上あたりを
歯ブラシでトントンと
やさしくたたく

★やり方

赤ちゃんの顔を見ながら、行ないましょう。もし、手で払いのけるなど嫌がるしぐさをしたときには、やらなくていいですよ。

ドライヤーをつかったスキンタッチ

★持ち方・動かし方

赤ちゃんの肌にまずママの手を当て、その手の上からドライヤーを当てます。赤ちゃんをあたためるというよりは、ママの手をあたためるイメージです。ドライヤーの温風を赤ちゃんの肌に直接当てると、やけどをする可能性がありますので、くれぐれもご注意ください。

★場所

ふくらはぎ、お腹、背中から腰。

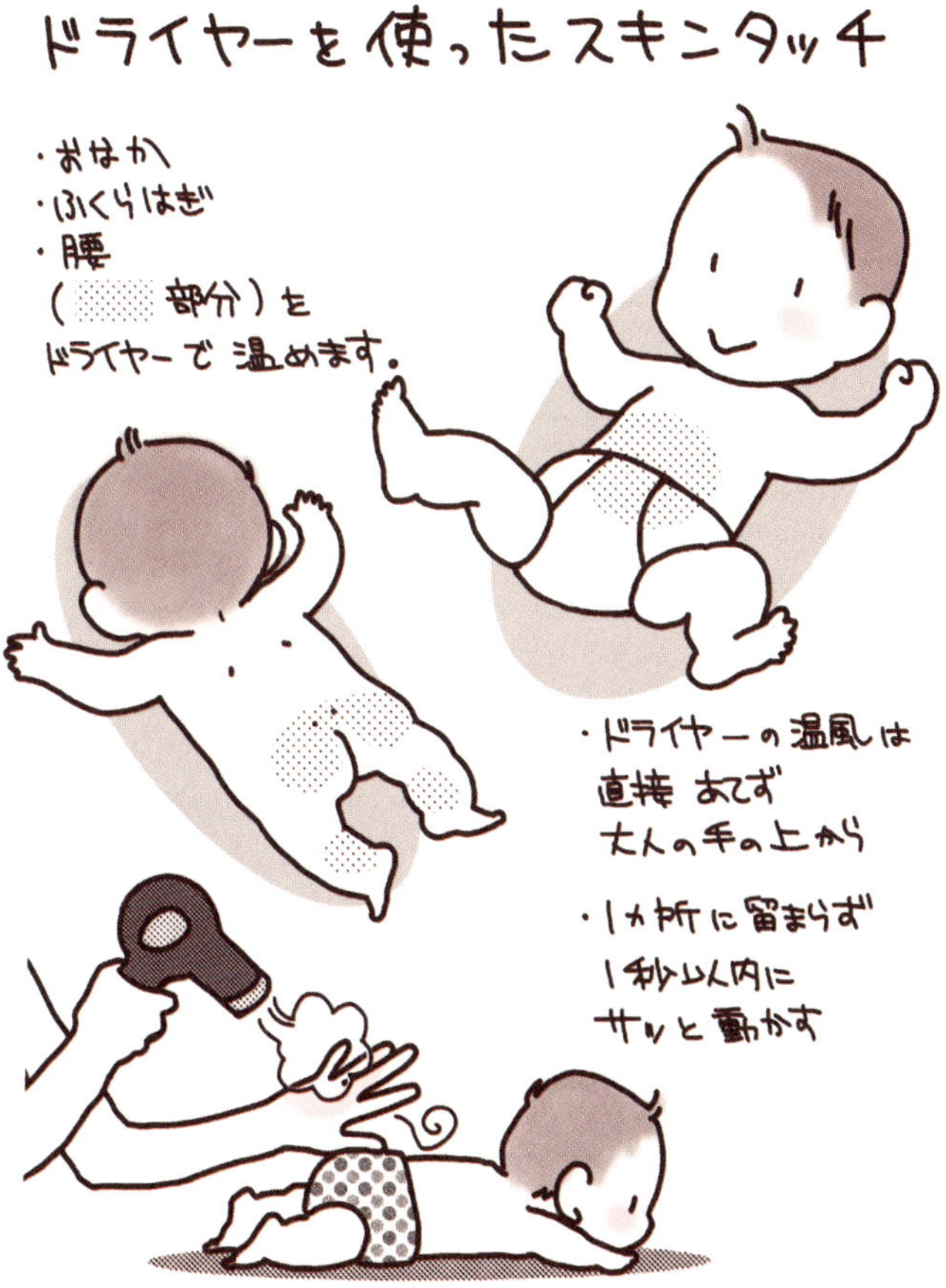
ドライヤーを使ったスキンタッチ
・おなか
・ふくらはぎ
・腰
（ 部分）を
ドライヤーで 温めます。
・ドライヤーの温風は
直接 あてず
大人の手の上から
・1か所に留まらず
1秒以内に
サッと動かす

★やり方

目安としては1カ所3秒、ほんの少しあたたまれば十分です。

第4章でもお伝えしましたが、私たちは下半身があたたまると眠くなります。赤ちゃんの寝つきが悪いときはふくらはぎを少しあたためてみましょう。

スキンタッチ全体の時間について

スプーン、歯ブラシ、ドライヤーを全部つかったとしても、年齢プラス1分（1歳であれば2分、2歳であれば3分）の時間内に納めます。特に大事なのはスプーンで、スプーンだけなら毎日1分以内で行なえます。

ベビーマッサージとは違い、短時間でできるのが道具をつかうスキンタッチの特徴です。できる範囲で取り入れてみてください。

Special Message
ママと赤ちゃんをねぎらおう

おつかれさまでした！
ここまでで「ねんトレ」は一旦終了。
ここからはアドラー心理学などを使い、
毎日頑張るママのこころをラクにして、
家族みんなが幸せになる
ちょっとしたコツを紹介します。

Suggest

アドラー心理学で考える家族の幸せ

Ⓐ 赤ちゃんは朝までぐっすり眠るけれど、どうも幸せを感じられない

Ⓑ 赤ちゃんはなかなか寝ないし、夜中に何度か起きるけれど、毎日幸せを感じる

さて、みなさんはⒶとⒷ、どちらがいいですか？

A
赤ちゃんはぐっすり眠る
家族はピリピリ
ゴト

B
眠らないけど
結構幸せ

いきなりこんな質問をしたのには理由があります。

はじめての育児はわからないことだらけ。目の前のことをこなすのが精いっぱいで、あっという間に時間が過ぎていきますね。

育児中は視野が狭くなりがちで、「なかなか寝ない」「何度も起きる」などの問題が目の前にあると、頭の中はそのことでいっぱいになってしまいます。

だからこそ、目の前の問題ではなく、その先にある**本当に望んでいること**をいつも意識してほしいのです。

みなさんが本当に望んでいることは、**赤ちゃんが夜早く長く寝てくれることで、ママの笑顔が増え、ママが、赤ちゃんが、そして家族みんなが幸せでいることでは**ないでしょうか？

では、**家族の幸せ**とはなんでしょう？

このコラムでは、私が学んでいるアドラー心理学の考え方をもとに、家族の幸せについて一緒に考えてみましょう。

アドラー心理学とは、オーストリア出身の精神科医アルフレッド・アドラーが創始し、後継者たちが発展させてきた心理学の体系です。

私は、鍼灸師になる以前から、こころとからだの関係に興味があり、心理学や心理療法を学んでいました。その中で出会ったアドラー心理学は、人間にとっての幸せとは何かを私に教えてくれました。

アドラー心理学で家族の幸せを考えると、**家族みんなが尊敬と信頼の関係でつながり**、協力しあい、一人ひとりがくつろいで、**家族の中に居場所を感じること**です。

アドラー心理学でいう尊敬とは、下の立場の人が上の立場の人を仰ぎ見るという尊敬ではなく、**ありのままのその人をまるごと認める**というような意味です。

パパとママがお互いに尊敬しあう、子どもが親を尊敬する、そして親が子どもを尊敬するのです。

信頼とは、相手を条件なしに信じることです。

生まれたばかりの赤ちゃんは、小さくて、か弱くて、簡単に死んでしまうのではないかと心配になりませんでしたか？

でも、よく考えてみると何万年もの長い人類の歴史の中で、過酷な環境にも耐え、生き残ってきたのが私たち人間です。その生命力を信頼しましょう。

ほとんどの親は、子どもの能力を低く見積もりすぎています。

すべての赤ちゃんには、親の助けを必要とせずに1人で眠れる能力が備わっています。その能力が信頼できず、この子は抱っこやおっぱいでしか眠れないと、勝手に決めつけているだけなのです。

また、夜の抱っこやおっぱいがもらえないことは、確かに赤ちゃんにとってはつらいことでしょう。でも**その困難を成長に変えることができる、と信頼しましょう。**

ママが一晩いないくらいで心が傷ついたりしないと信じましょう。

協力とは、同じ目標に向かって力を合わせることです。

赤ちゃんはママのお腹にいるときから、すでに家族の一員です。その存在だけで、家族みんなを幸せにしてくれます。

そして、生まれたあとは、ただ一方的にお世話をされるだけの無力な存在ではなく、家族の一員として家族のために協力することができるのです。

協力というと「何かを一緒にやること」だと思うかもしれませんが、「自分でできることは自分で行なう」ことも協力のひとつです。

抱っこやおっぱいなしに、1人で眠ることは協力です。といっても、赤ちゃんはどうやって協力すればいいのかがわかりません。そこで、親が協力の仕方を教えます。

「夜のおっぱいはありません」「ねんねのときは抱っこしません」と、やさしくきっぱりと教えてください。できないのは、能力がないからではなく、ただやり方を知らないだけなのです。

おっぱいの時間は守ってもらいましょう。夜は寝てもらいましょう。「1人で朝まで寝る」という協力をお願いしましょう。

そして、協力にたいしては「ありがとう」と感謝を伝えましょうね。

こんなふうに家族をひとつのチームだと考えると、赤ちゃんの要求を優先しすぎて、ママやパパが我慢を強いられるのはおかしなことだと気がつくでしょう。赤ちゃんが王さまでママやパパはその召使いではないのです。**赤ちゃんが大切な存在で**

あるように、パパもママも、みんなが大切な存在なのです。

親から尊敬され、信頼され、自分も家族の一員として「協力」できる、と感じて育った子どもは、将来同じような家庭を築くでしょう。家庭だけではありません。学校、職場、社会に、**尊敬、信頼、協力**の輪が広がるのです。

私たちは、目の前の子どもを育てると同時に、その子どもの先にある、未来の家族、未来の社会など、未来を育てているのです。

いまは夜泣きや寝かしつけのことで、頭がいっぱいかもしれません。

この問題さえ解決すればもっと育児は楽しいのに、と思っているかもしれません。

でも、育児には、病気、けが、かんしゃく、友達づきあい、登園を嫌がるなど次々に問題が生じます。

そのたびに、目の前の問題に振り回されないためには、その先にある「本当に望んでいること」「どんな大人に育てたいのか？」「どんな家族をつくりたいのか」などといった目指す先の明確なイメージをもつことが大事なのです。

Work

自分のことをねぎらおう！

さて、ここまで読んでくださったみなさんは、うすうす気がついたかもしれません。

赤ちゃんはどうすれば朝まで寝てくれるのだろう、赤ちゃんに何をすればいいんだろう、と「寝ない赤ちゃん」を「寝る赤ちゃん」に変えようとしてきたけれど、変わるのは先に自分なんだなあと。

ママが自分の考えを見直し、ママが行動を変え、まずママがリラックスする。そうです。その先にある、家族みんなの幸せのためにできることも、まず**ママが幸せでいる**ことなのです。

そこでこんなワークをやってみましょう。

1. 赤ちゃんが生まれた日の気持ちを思い出す

赤ちゃんが生まれた日。

みなさんにはどんなドラマがありましたか？

無事に生まれたとわかった瞬間、どんな気持ちでしたか？　ほっとした？　うれしかった？　やっと終わった？

その日の写真を見ながら、その瞬間の気持ちをできるだけ臨場感たっぷりに思い出して、味わってください。

無事に生まれてくれたこと、そして、その日から今日まで無事に生きていること。


あなたが私の子どもでうれしい。

我が家に来てくれてうれしい。

あなたと一緒に暮らせてうれしい。ありがとう。

いつも、この気持ちを忘れずにいたいですね。

2.「乗り越えてきたことグラフ」を書いてみよう

生まれたときから今日までを、うれしかったときを＋、悲しかったときを－にして、グラフを描いてみましょう。

山と谷のときにあった出来事も一緒に書いておきましょう。

こうして赤ちゃんが生まれてからの数カ月、数年を振りかえると、よくやってきたなあと思いませんか？

1人目の赤ちゃんなら、ママも1年生。はじめてでわからないことだらけの中で、ほんとうによく頑張ってきましたね！

うれしかったときと悲しかったときをグラフにしよう

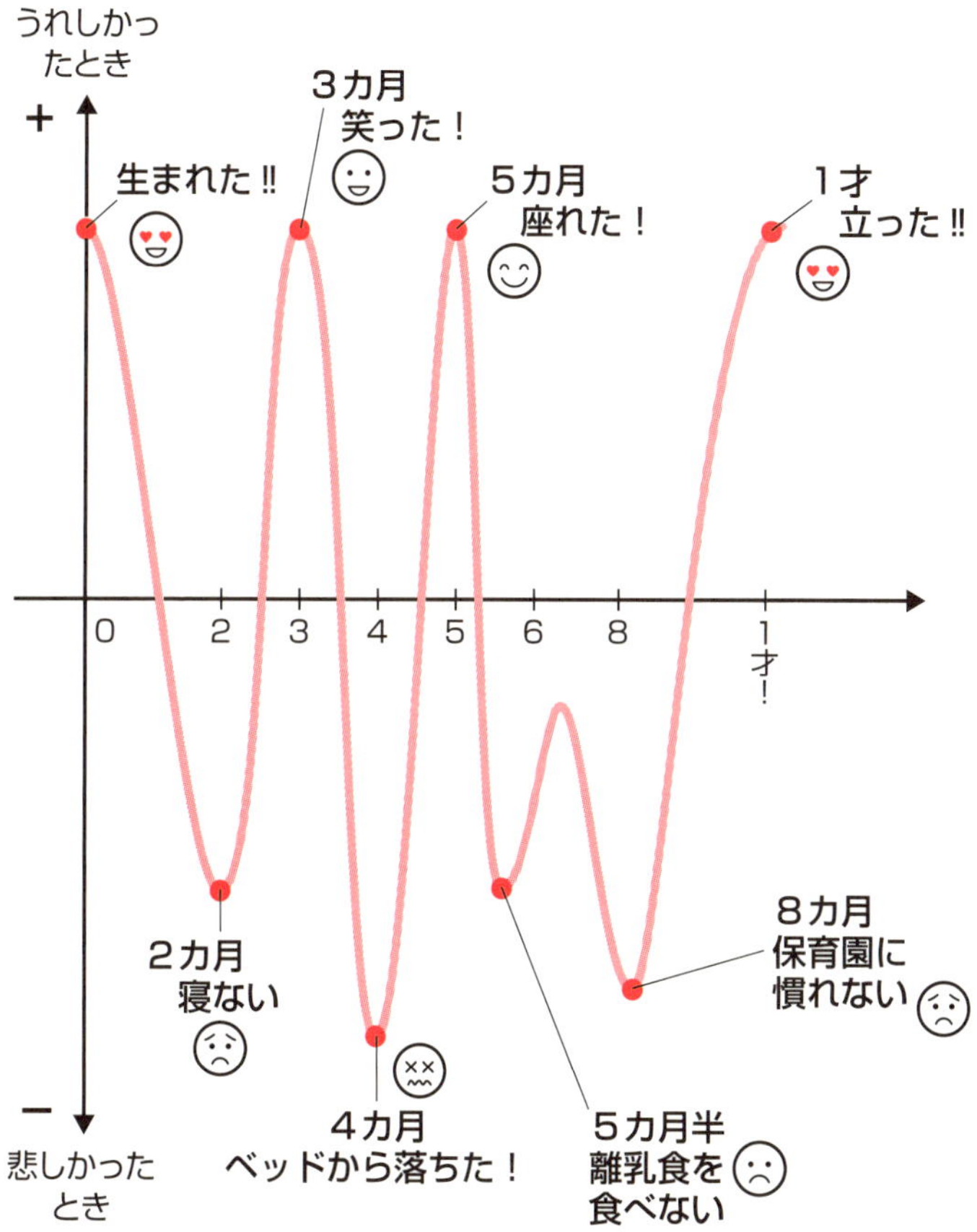

3. ハッピー&ニュー

1日の終わりに、「今日幸せだったこと（ハッピー）と、はじめてだったこと（ニュー）」をふりかえってみましょう。

赤ちゃんがかわいい声を出したとか、変顔をしたとか、立派なウンチが出たとか、ほんのささいなことでいいのです。

「今日は、あ〜んと大きいお口であくびをしたね」

「お迎えに行ったときに、ニコニコだったね」

毎晩、寝る前にママがそうやってお話をすると、赤ちゃんが大きくなったときに「あのね〜、きょうね〜」とたくさん教えてくれるようになりますよ。

4. 当たり前のうまくいっていることに注目しよう

赤ちゃんが「なかなか寝ない」「何度も起きる」というのはたしかに困ったことですが、それ以外はいかがですか？

私たちは、うまくいっていることは当たり前だと気にとめず、うまくいっていないことばかりを気にします。

大きな病気もなく元気に生きている。
今日も無事に保育園に行ってくれた。

毎日の生活の中で、ほとんどはうまくいっていることなのです。

ごく一部の困ったことだけに注目せずに、普段は当たり前だと気にもとめないうまくいっていることに注目するようこころがけましょう。

5. イライラしたら自分を抱きしめよう

赤ちゃんにイライラして当たってしまった！

そう落ち込んだり、自分を責めたりすることがありますよね。

元気で幸せなときには多少のことは許せるけれど、自分が疲れているときにはちょっとしたことに腹が立ちませんか？

イライラするということは、ママが疲れている証拠。

ママは、自分のことはいつもあと回しなので、自分が疲れていることに気がつきにくいのです。


イライラはそれを教えてくれるチャンス。

自分を責めるのはやめて、自分を抱きしめてください。

6.「ねぎらいの言葉」をかけてみよう

育児はほんとうに重労働だと思います。

そして、苦労の割に誉められることの少ないお仕事です。

だからこそ、いつも「よく頑張ってるね」と自分で自分に声をかけてほしいのです。

そうはいっても、自分で自分のことを認めるのはちょっと気恥ずかしいかもしれませんね。

そこで、みなさんに代わって、私からみなさんへねぎらいの言葉を伝えさせてください。

いつも頑張っているママへ

○○ちゃん（くん）が生まれてから、○年○カ月。
今日までいろんなことがありましたね。

おそるおそる抱っこをしたあの日
なれない手つきでおっぱいをくわえさせたあの日。

産院から退院して家に帰り、これから赤ちゃんとの生活がはじまると思ったときのうれしい気持ちと不安な気持ち。

なかなか泣きやまないときはどうしたらいいかわからずにオロオロしました。

おっぱいが足りているのかと悩んだこと。

ミルクを足したほうがいいのか考えたこと。


はじめてのお熱のときは、心配で心配でいてもたってもいられませんでしたね。

真っ赤な顔でフーフー言う赤ちゃんを前にして、心から「代わってあげたい」と思いました。

パパとたくさんケンカもしました。

どうして、赤ちゃんを優先してくれないの？

わたしばっかり。

わたしはこんなに我慢しているのに、って。

赤ちゃんにイライラしてしまったときは、こんなママでごめんね、と寝顔を見ながら反省しました。そして、自分は「育児には向いていないのではないか」と思ったこともありました。

仕事に復帰してイキイキ働いている友達を見てはうらやましく思い、子育てに専念して育児を120％楽しんでいる友達を見ては、そのほうがいいのかと迷ったりもしました。

子どもと一緒にいたい、でも仕事もしたい、でも、でも……。

たくさん考え、たくさん迷い、一度決めてもまた迷って、そうやってひとつひとつ決断してここまでやってきましたね。


今日まで本当によくやってこられました。

よく乗り越えてこられましたね。


「いやいや私なんて」、「ほかの人はもっと」と思うかもしれませんが、ほかの人は関係ないのです。

あなたはあなたなりに精一杯やってきたと、胸をはっていいんです。

これからもまだまだ育児は続きます。

1日1日、自分の頑張りを自分で認めてください。

今日も1日、ほんとうにおつかれさまでした！

エピローグ

「ママがいい」「ママがいい」「ママがいいの〜」

近くの公園から、子どもの泣き声が聞こえてきます。どうやら保育園のお散歩中のできごとのようです。

その声を聞きながら小さい頃の息子のことを懐かしく思い出しました。

ハイハイができるようになると、私のことをどこまでも追いかけてきましたっけ。私の姿がほんの一瞬見えなくなるだけで大号泣。ゆっくりトイレにも行けず、抱っこをしながら用を済ませたこともありました。

幼稚園に入園してからも同じでした。登園時には「お母さんと離れたくない」と泣き叫び、しばらく園庭の柵にしがみついていたこともありました。

家の中でも、ちょっと私が見当たらないと「おかあさん」「おかあさん」「おかあさん、どこ〜」と見つかるまで探します。

息子からの熱すぎる思いに、いつも笑顔で応えられるわけでもなく、「もううるさい！」と怒鳴ったこともありましたし、耳をふさいだこともありました。あのときはあのときで、私なりに精一杯だったのだと思います。


そんな息子も12歳になりました。先日、しみじみとこんなことを言うのです。

「おかあさん、子どもができるって不思議だよね」

そろそろ、男女の性にも興味をもつお年ごろかと話を聞くと、

「精子と卵子をただ混ぜればそれだけで人間ができるわけじゃないでしょ？それに、最初はたった1個の細胞だったなんて、どうしても信じられないよ」

そう、命というのは考えれば考えるほど不思議なことばかりです。


お腹に小さな命を授かったとき、私はおこがましいようですが、「まるで神さまの仕事を担っている」ような気持ちになりました。

神さまに代わって、私が大事な命を育てさせていただいている——。そんな

大役をまかされたようだと誇らしく感じたのです。

そして、それはいまも同じです。

未来を創るのは子どもたち。私は息子を育てながら、同時に未来を育てているのだと誇らしい気持ちでいます。

たとえ、誰にもほめられたり、認められたりしないとしてもママやパパは胸をはってください。

親からたくさん愛された子どもは、大人になったときに、自分がしてもらったようにまわりの人を愛することができるでしょう。

みなさんが赤ちゃんを「幸せ」に育てることは、未来の社会が幸せになることにつながります。

そして、赤ちゃんを幸せにしたければ……。

それはもうおわかりですね。

でも、まずはママにぐっすり眠ってほしい。それが家族の「幸せ」のスタートだからです。

本書がそのお役に立てましたらとてもうれしく思います。

最後に、私の治療室にきてくださった多くのママと赤ちゃん。東京スキンタッチ会のみなさん、特に大下義武さん、大浦義文さん、山口あやこさんにはお世話になりました。アドラー心理学の先輩と仲間たち。この本を企画、編集してくださった日本実業出版社の山田聖子さん。イラストレーターのまやひろむさん。そして、息子と夫に、心よりのありがとうを伝えます。

２０１８年　１月　伊藤かよこ

参考文献

●赤ちゃんの眠り関係

『赤ちゃんにもママにも優しい安眠ガイド』清水悦子（かんき出版）

『イラストでわかる！ 赤ちゃんにもママにも優しい安眠ガイド』
清水悦子（かんき出版）

『赤ちゃんがすやすやネンネする魔法の習慣』
A・カスト・ツァーン、H・モルゲンロート（PHP研究所）

『カリスマ・ナニーが教える赤ちゃんとおかあさんの快眠講座』
ジーナ・フォード（朝日新聞出版）

『赤ちゃんが朝までぐっすり眠る方法』
エリザベス・パントリー（エクスナレッジ）

『フランスの子どもは夜泣きをしない パリ発「子育て」の秘密』
パメラ・ドラッカーマン（集英社）

『ママとあかちゃんがぐっすりねむれる本』中村真奈美（日本文芸社）

『０～３才　寝かしつけまとめ。』主婦の友社編（主婦の友社）

『おやすみ、ロジャー　魔法のぐっすり絵本』
カール＝ヨハン・エリーン（飛鳥新社）

●育児全般

『子どもへのまなざし』佐々木正美（福音館書店）

『シアーズ博士夫妻のベビーブック』ウイリアム・シアーズ（主婦の友社）

●子どもに触れる

『子供の「脳」は肌にある』山口創（光文社）

『人は皮膚から癒される』山口創（草思社）

『脳と体にいいことずくめのベビーマッサージ』
山口創、山口あやこ（PHP研究所）

●スキンタッチ関連

『毎日５分！ 親子スキンタッチ健康法――赤ちゃんから10歳までの対処法』大上勝行（亜紀書房）

『東京スキンタッチ会　指導マニュアル』
東京スキンタッチ会編（青山ライフ出版） 非売品

●アドラー心理学

『SMILE　愛と勇気づけの親子関係セミナー・テキスト』
ヒューマンギルド　非売品

問い合わせ先

スキンタッチについてもっと詳しく知りたい人は
日本スキンタッチ協議会　http://s-touch.net/
東京スキンタッチ会　http://tokyo-st.jp/

伊藤かよこ（いとう　かよこ）
鍼灸師／こども専門鍼灸師。1967年生まれ。大阪府出身。慶応義塾大学文学部通信教育課程卒業後、リクルートフロムエー入社。会社員時代に悩んだ腰痛体験をきっかけに鍼灸専門学校へ進学。2000年はり師・きゅう師免許取得後、鍼灸カウンセリング治療院を開業。心理学や心理療法を取り入れ、患者さんと多くの対話を重ねる。出産後は息子の夜泣きに悩んだ経験から、小児はりや子どもの睡眠についての知識を得て、寝かしつけのカウンセリングや、リラックス効果の高いスキンタッチ指導を開始し、「こども専門鍼灸師」として活動する。同時にアドラー心理学に基づく親子関係講座「愛と勇気づけの親子関係セミナー SMILE」のリーダーとしても講座を開催。現在は「心とからだ」や「子育て」に関する講演や執筆を中心に活動している。日本アドラー心理学会会員、東京スキンタッチ会会員。著書に、認知行動療法をベースにした腰痛改善小説『人生を変える幸せの腰痛学校』（プレジデント社）がある。

0歳《さい》でも、1歳《さい》からでも大丈夫《だいじょうぶ》！
赤《あか》ちゃんが夜早《よるはや》く、長《なが》く眠《ねむ》る　かんたん　ねんねトレーニングBOOK

2018年2月20日　初版発行
2020年2月20日　第3刷発行

著　者　伊藤かよこ
発行者　杉本淳一

発行所　株式会社日本実業出版社　東京都新宿区市谷本村町3－29 〒162－0845
大阪市北区西天満6－8－1 〒530－0047

編集部 ☎03－3268－5651
営業部 ☎03－3268－5161　振　替　00170－1－25349
https://www.njg.co.jp/

印刷／厚徳社　製本／若林製本

この本の内容についてのお問合せは、書面かFAX（03－3268－0832）にてお願い致します。
落丁・乱丁本は、送料小社負担にて、お取り替え致します。

ISBN 978-4-534-05564-4　Printed in JAPAN

日本実業出版社の本

5歳までにやっておきたい

本当にかしこい脳の育て方

茂木健一郎

定価 本体 1400円（税別）

ドーパミンが出やすい脳を完成させれば、好きなことを見つけて成功できる、本当にかしこい子が育ちます！　脳科学者・茂木健一郎が教える学び方、親がしてあげられること。

4歳〜9歳で生きる基礎力が決まる!

花まる学習会式
1人でできる子の育て方

箕浦健治・著

高濱正伸・監修

定価 本体 1400円（税別）

幼児〜小学生向けの学習教室「花まる学習会」でのべ５万人を指導してきた著者が子どもの「生きる力」＝逆境に負けない強さと思いやりの心の伸ばし方を教えます！

〈マンガとQ&Aで楽しくわかる〉

「テキトー母さん」流
子育てのコツ

立石美津子

定価 本体 1300円（税別）

「いいママ プレッシャーに苦しんでいます」など多くのママの声をもとにした、６歳までの子育てアドバイス。子どもは自立して、ママもイライラしなくなる子育て術を紹介！

定価変更の場合はご了承ください。